病院医院のための 税理士の 選び方がわかる本

一般社団法人 医業経営研鑽会 編
税理士・行政書士 西岡秀樹／税理士 中川祥瑛 共著

日本法令

はじめに

私が医療業界に関わるようになったのは、平成７年に医業経営コンサルタントを行っている会社に入社してからです。その後平成12年に税理士として独立開業してからずっと、医業経営コンサルタントを専門に行ってきました。

その間に多くの病医院の相談を受けてきましたが、どの病医院経営者も必ず、「うちの税理士は良い人なんだけど、医療業界に詳しくない」と言うのです。このフレーズを何回聞いたかわかりません。そして相談を受けた病医院を税務だけでなく医療法等の観点も含めて総合的に確認すると、病医院経営者の言っていることが正しいところばかりです。私も税理士なので同業者のことは批判したくないですが、残念ながら病医院に有利な処理をしていない税理士が多く見受けられます。

ただし、税務申告が明らかに間違っているといえるケースは私の記憶する限りではないので、税理士としての職務は全うしていると思います。

問題なのは、医療専門とか医業に専門特化しているとうたっている税理士事務所にもかかわらず、顧問先である病医院に有利な処理をしていない点です。詳細は後ほど詳しく解説しますが、行政の不当と思われる指導を何の疑問も抱かずにそのまま受け入れ、病医院にとって明らかに不利な状況のまま許認可申請や届出等をしていることが最大の問題点だと私は思っています。

行政の指導が必ずしも正しいとはいえません。少なくとも医療専門とか医業に専門特化しているとうたっている税理士事務所であれば、顧問先である病医院にとって明らかに不利となる不当と思われる指導かどうかを判断する最低限の知識と経験があるべきです。行政から言われたことを伝言ゲームのように、顧問先である病医院にそのまま伝えるのはプロの仕事ではないと私は思っています。

たとえ医療法人設立の実績が多数あったとしても、その病医院にとって不利な条件で設立されたものは実績としてカウントできないと私は思っています。病医院にとって不利な条件で設立された医療法人についても後ほど詳しく解説いたします。

さらに問題なのは、中小病医院にとって税理士は最も身近な相談相手であるにもかかわらず、このような状況であることを知らない病医院経営者が大半という点です。

そこで病医院経営者に、税理士によって病医院経営に大きな差がでることを知っていただきたく本書を執筆することにしました。

本書が行政の不当と思われる指導で困っていたり、漠然としてでも病医院の経営・運営に不安を感じていたり、顧問税理士に対して医療業界に詳しくないという不満を持っている病医院経営者のお役に少しでも立てれば幸いです。

令和５年３月　西岡秀樹

目　次

第3章 税理士にありがちな適切ではないアドバイス事例

第4章 税務申告や登記等は適正に行われているか

終　章　病医院経営に詳しい税理士の選び方

第1章

病医院にとって税理士は一番身近な相談相手だからこそ慎重に選ぶべき

1 医療専門・医業特化をうたう税理士が増えている

（1）中小病医院経営者にとって一番身近な相談相手は税理士であることが多い

クリニック（有床診療所を含む）や200床程度までの中小病院は、税理士、社会保険労務士、行政書士、弁護士、コンサルタント等と顧問契約を結ぶ可能性がありますが、その中でも確率的に一番高いのは税理士だと思われます。

私（以下、本書において第５章を除き西岡秀樹税理士・行政書士事務所　所長　西岡秀樹を指す）の経験では、ほぼすべての中小病医院が税理士と顧問契約を結んでいます。過去に唯一、個人開設のクリニックが税理士と顧問契約を結んでいませんでしたが、そこも独自で申告することに限界を感じて私に申告を依頼してきました。

次に中小病医院が顧問契約を結んでいる可能性が高いのは、社会保険労務士だと思われます。雇用している従業員が多い病医院では給与計算や社会保険、労務手続を社会保険労務士に依頼しているところは多いですが、それでも社会保険労務士と顧問契約を結んでいる中小病医院の割合は、当事務所（以下、本書において第５章を除き西岡秀樹税理士・行政書士事務所を指す）の顧問先の場合は、約５割です。

当事務所では行政書士と顧問契約を結んでいる病医院はなく、全国的にも行政書士と顧問契約を結んでいる中小病医院は少ないと思います。何かの申請や手続を依頼する時だけ行政書士に依頼する（いわゆるスポット契約）が多いと思われますし、そもそも私のように税理士が行政書士とのダブルライセンスで仕事をしていることが多いことも、行政書士との顧問契約の割合が低い理由かもしれません。

弁護士と顧問契約を結ぶ中小病医院はありますが、当事務所の顧問先の場合は約２割と、社会保険労務士よりも割合が低いです。

最後にコンサルタントですが、税理士や社会保険労務士等の士業と違い、コンサルタントの業務範囲や定義がもともとないうえに、国家資格でもありません。コンサルタントといっても、集患対策、接遇研修、診療報酬関係、ドクターや看護師等の紹介、美容医療関係、資産運用、Ｍ＆Ａ等、業務内容は多岐にわたります。私自身も税理士としての顧問契約ではなく、医業経営コンサルタントとして顧問契約をすることが多いです。ちなみに私が医業経営コンサルタントとして顧問契約をした場合は、税務・会計処理は一切行わず、中小病医院の経営や運営に関するアドバイスのみを行っています。

しかし、中小病医院がコンサルタントと顧問契約を結んでいる割合はそれほど高くないでしょう。肌感覚としては５割に満たないと思われます。

このようにほぼすべての中小病医院が税理士と顧問契約を結んでいますし、税理士は数多くの取引事例を知っていて、数多くの決算書や申告書を作成しているので、他の士業に比べると数字に詳しいと思われがちです。

したがって中小病医院にとって一番身近な相談相手は、税理士と言って差し支えないでしょう。

(2) 各士業の業務内容

順番が前後しますが、「税理士ってどんな仕事をしているの？」とか「社会保険労務士にはどんなことを依頼するの？」と思う方もいるかもしれません。そこで中小病医院が関わる可能性がある士業の業務内容を簡単に説明しておきます。なお、コンサルタントは士業ではないので下記には含まれていません。

【各士業の業務内容】

税理士	税理士は所得税、法人税、消費税等の各種税務申告の代理、税務申告書の作成および税務相談、ならびに会計書類の作成や会計帳簿の記帳代行等の業務を行っています。いわば税務と会計のプロです。
社会保険労務士（略称は社労士）	社会保険労務士は労働保険および社会保険に関する書類の作成および手続代行や、雇用関係の助成金に関する書類作成および申請代行等の業務を行っています。いわば社会保険手続のプロです。
行政書士	行政書士は官公署に提出する書類の作成および手続代行等の業務を行っています。 ただし、税務申告書や社会保険・労務手続等、他の法律で制限されているものを行うことはできません。少しわかりづらいと思うので補足すると、保健所に対する診療所開設許可申請、都道府県に対する医療法人設立認可申請、地方厚生局に対する保険医療機関指定申請等が代表的な行政書士の業務となります。いわば申請のプロです。
司法書士	司法書士と顧問契約を結ぶ中小病医院はほぼないと思われるので、上記（1）では説明を省きましたが、中小病医院はスポット契約では司法書士に依頼することがとても多いです。司法書士は登記に関する手続や法務局に提出する書類作成等の業務を行っています。いわば登記のプロです。
弁護士	弁護士は民事事件、刑事事件の代理人や事件の仲裁、斡旋などの訴訟関連全般や法律相談等の業務を行っています。いわば法律のプロです。

(3) 医療専門・医業特化をうたう税理士が増えている

税理士はいわゆる税務と会計のプロですが、最近は○○専門とか□□業界に特化しているとうたう税理士が増えています。

当然、医療専門や医業経営に特化しているとうたう税理士（以下、「医療専門等とうたう税理士」という）も急増しています。

私が独立開業したのは平成12年ですが、当時は医療専門等とうたう税理士はあまりいませんでした。

医療専門等とうたう税理士が増えた理由はいくつかあると思いますが、一番大きな理由は、税理士業界の競争が厳しくなって、税理士という資格だけで顧問先を獲得することができなくなったからだと思います。

また、税理士業界の競争が厳しくなっていく中で、顧客紹介ビジネスや士業向けの集客・営業セミナーを行う会社も増えています。顧客紹介ビジネスは得意な分野を登録するそうですし、集客・営業セミナーは「専門性を高めて差別化を図る」「得意分野を絞った広報活動」などと話しているそうです。

つまり、本当に得意であるかどうかにかかわらず、何らかの分野を得意分野にしている税理士が多いことが推測できます。

さらに、税理士事務所への情報提供サービスも増えています。医療に関する最新情報、各種データベース、トピックスなどを税理士事務所のウェブサイトに掲載できるサービスや、税理士事務所の顧問先に対してメールマガジンなどを配信するサービスなどがあるそうです。これらのサービスを利用することで本当は医療業界に詳しくない税理士でも、パッと見だけは医療業界に詳しい税理士と見せられることも、医療専門等とうたう税理士が増えた理由の１つかもしれません。

例えば、Googleで「医療　専門　税理士」というキーワードで検索すると、約749万件（令和4年9月20日現在。以下、検索結果についてはすべて同じ)、「医業　専門　税理士」で検索しても約48万件もあります。それに対して税理士登録数は、令和４年８月末現在で80,238名（日本税理士会連合会ウェブサイトより）です。

Googleの検索結果には同じ税理士事務所のウェブサイトが複数検索されていたり、税理士紹介サイトなども検索されるので税理士登録数より多くても不自然ではありませんが、「飲食　専門　税理士」で検索すると約237万件、「建設　専門　税理士」で検索すると約421万件と、飲食業や建設業を専門とうたう税理士より医療専門とうたう税理士のほうが多いことがわかります。

ちなみに「相続　専門　税理士」の検索結果は約684万件です。相続といえば税理士の本業というイメージがありますが、相続を専門とうたう税理士より、医療専門等とうたう税理士のほうが多いという驚くべき結果です。

前述したように税理士はいわば税務と会計のプロではありますが、医業経営のプロではありません。税理士試験の試験科目も会計学に属する科目（簿記論および財務諸表論）と税法に属する科目（所得税法、法人税法、相続税法、消費税法または酒税法、国税徴収法、住民税または事業税、固定資産税）しかなく、医療法関連法規は含まれていません。

したがって医療専門等とうたう税理士のすべてが医療業界に詳しいわけがなく、税理士によって中小病医院の経営や運営に関するアドバイスに差がでるのは当然といえます。

2 病医院経営者が相談したいのは税務だけではないはず

(1) 病医院経営者は医療業界に詳しい税理士を求めている

「はじめに」にも書きましたが、当事務所に相談に来る病医院経営者が必ず言うのは、「うちの税理士は良い人なんだけど、医療業界に詳しくない」です。

病医院経営者が当事務所に相談に来るタイミングは、税務調査の後、医療法人設立手続の前後、分院開設手続の前後、M＆Aを検討する時、医療法第25条に基づく立入検査（医療監視）の時など、何か新しいことを始める時や行政による調査を受ける時が多いですが、どのタイミングで相談を受けたときも税務と会計といった税理士業務に対して不満があると言われたことはほとんどありません。

税務調査の後で相談を受ける時は、税務調査の日数が長引いて大変だったとか、修正申告による追徴税額が多くて困っていると愚痴めいたことを聞かされることはありますが、それでもほとんどの病医院経営者は税理士に責任があると思っていないようです。

ですから病医院経営者が税理士を変えたいと思う理由は、「うちの税理士は医療業界に詳しくない」からなのでしょう。

(2) 当事務所が受けた相談事例

当事務所が受けた相談事例をいくつか紹介します。相談事例からも病医院経営者が相談したいのは、税務だけではないことがわかるはずです。

なお、どの病医院経営者からの相談事例なのか特定できないよう事実を極端に曲げない程度の脚色をしています。また、①から③までの事例については後ほど詳しく解説します。

①　分院開設で顧問先に多大な損失を与えてしまった事例

医療法人でクリニックを開設している相談者が、顧問税理士に他県での分院開設を相談したところ、都道府県に対して医療法人定款変更認可申請をしなければ分院は開設できないと説明を受け、「すべて自分に任せろ」と言われたので任せたそうです。

都道府県に対して医療法人定款変更認可申請をするには申請書を出す前から分院予定地の賃貸借契約が必要なので、申請の少し前に建物所有者と賃貸借契約を結びました。ここまでは一般的な流れですが、通常であれば医療法人定款変更認可申請は2～4か月もあれば終わるはずなのに、この顧問税理士は医療法人の定款変更認可申請に慣れていなかったらしく、書類に間違いが多かったり、提出する書類が不足していたりと、遅々として申請が進まず、なんと１年近くたっても医療法人定款変更認可申請が終わっていませんでした。当然ですが、その間も相談者は分院予定地の家賃をずっと支払い続けています。

私が分院開設手続に関する講師をしたセミナーに相談者が参加し、セミナー後に私に個別相談をしてきたことで、もっと早く分院が開設できることが発覚しました。

最初から私に分院開設を依頼していれば1～2か月程度で開設できたことを知ると、相談者は怒って顧問税理士との顧問契約を解約しました。

ちなみに相談者が受けた損失は家賃だけではありません。分院で働く予定のドクターや従業員の給料も支払い続けていたので、相談者の損失ははかり知れません。

この事例は、税理士が医療行政についての正しい知識や経験がないにもかかわらず、「できる」と見栄を張ってしまい、その後も後手後手の対応を繰り返したケースでした。「できない」または「自信がない」と思う申請であれば医療行政に詳しい行政書士の力を借りるなどして、顧問先に迷惑をかけないようにすべきでした。

② 名義貸しにより分院を開設した結果、分院を乗っ取られた事例

私が分院開設手続に関する講師をしたセミナー終了後に、「雇われ院長を開設・管理者として個人開設している分院があるが大丈夫か」と個別相談してきた相談者がいたので、「いわゆる名義貸しによる分院開設なので大いに問題がある。そもそもどうして名義貸しで分院を開設したのか」と聞いたところ、「顧問税理士から大丈夫だと言われた」と返事がきました。

今回のケースでは雇われ院長の名前で建物賃貸借契約を結び、保健所だけでなく税務署にも雇われ院長の名前で届出および申告をするので、名義貸しだとしてもその事実が発覚することはないと顧問税理士から説明を受けたそうです。

しかし、クリニックの収入のほとんどを経営管理料等の名目で相談者の親族が代表取締役をしているメディカルサービス法人（以下、「MS法人」という）に移し、MS法人から雇われ院長に給料を支払っており、実質的な名義貸しで分院開設していることは誰が見ても明らかです。

そこで私は、すべてが雇われ院長の名前で契約、届出、申告がされているようなので雇われ院長に分院を乗っ取られる危険性が極めて高いこと、分院を法人化するときに過去の実績として確定申告書の提出を求められることがあるが、収入の大半を経営管理料等としている決算書では誰が見ても不自然なので提出できず、結果として法人化を断念する可能性があることを指摘しました。

さらに乗っ取りについては、相談者と雇われ院長との間で合意書や覚書を交わしたようですが、名義貸しは公序良俗に反するものであり、民法第90条に「公の秩序又は善良の風俗に反する法律行為は、無効とする。」と定められているので裁判等になった場合は意味がないこと、雇われ院長の配偶者または配偶者の親族等から「こ

の契約はおかしい」とか「利益を搾取されている」などの異議があることが多いことも説明しました。

その時は相談者は「うちは大丈夫だ」と言って帰りましたが、それから数か月後に突然当事務所に、その相談者から「先生が言っていたように、雇われ院長に乗っ取られてしまった」と連絡がありました。

この事例はそもそも大いに問題があるスキームなのに、医療法や民法を無視した税理士個人の根拠のない判断で大丈夫だと進めてしまったケースでした。

病医院経営者は税理士に対して税法だけで問題があるかどうかを聞いているのではなく、分院開設全般について問題があるかどうかを聞いています。したがって、税法だけでなく医療法や民法などを総合的に考慮したうえでアドバイスすべきでした。

③　不当と思われる行政指導に従った結果、税務調査で否認された事例

この事例は、税理士から相談を受けたものです。税理士の関与先の医療法人では理事長に対してかなりの金額の貸付金があるので、所得税基本通達にのっとり理事長から利息を徴収していたところ、都道府県から医療法人で利息をとると貸金業に該当するのでダメと指導されたので利息の徴収を辞めてしまったが、数年後に税務調査があり、税務調査官から、理事長から利息を徴収していないのは経済的利益に該当するので修正申告が必要と指摘されてしまったが、どうしたら良いか？ という内容でした。

理事長に対する貸付金については後ほど詳しく解説するのでここでは結論だけを書きますが、所得税基本通達で定められている以上、税務調査官の指摘は正しいので医療法人は修正申告に応じる必要があります。

しかし、都道府県の指導は根拠のない不当と思われる指導であるうえに、医療法人にとって不利になる可能性がある指導（実際に数

年後に税務調査で修正申告として指摘されている）だったので、税理士はこの指導に応じるべきではありませんでした。

この事例も税理士が医療行政についての正しい知識や経験がないことで起きてしまったケースでした。行政の指導が絶対的に正しいと思い込むのは間違いという典型的なケースともいえます。

④　少しずつ不満が溜まっていき何かのきっかけで一気に不満が爆発した事例

このような理由で当事務所に相談に来るケースが一番多いです。

例えば、税務調査がきっかけで税理士を変える場合であっても、税務調査そのものに対する不満というよりは、税務調査での税理士の対応がきっかけとなって今までの不満が爆発して税理士の変更を決意したという感じです。

不満が爆発したきっかけは、税務調査がもっとも多いと思われますが、それ以外では、税理士事務所側の世代交代や担当者変更がきっかけになったり、医療法人化がきっかけとなったケースもあります。

税務や会計といった税理士業務が原因で不満が溜まっていくことはあまりないと思います。あったとしても納税予定額の通知がない、計算間違いが多い、あれもこれもダメと言ってほとんど経費で落としてくれない、くらいです。

それよりも問題なのは、「うちの税理士は医療業界に詳しくない」と思われることです。

病医院経営者が何を聞いても適当に答えをはぐらかしたり、行政に言われたことをそのまま伝言ゲームのように病医院経営者に伝えたりして、不満を感じる病医院経営者が多いようです。税理士の説明に対して病医院経営者が納得したふりをして引き下がっていても、心の中では不満を抱き続けています。

最近はインターネットや書籍などで簡単にある程度の情報を入手できるので、病医院経営者はある程度の知識は持っていると考えるのが妥当です。

したがって、税理士がはぐらかして答えているかどうかは病医院経営者はそれとなくわかりますし、税理士が病医院経営者の予想より下回った回答をしたときは失望します。

また、行政は常に行政側にとって都合の良い解釈で指導してきます。逆にいうと病医院側にとって不利な指導が多いということです。二言目には「行政がこう言っている」と説明し続け、病医院経営者は「お前はどっちの味方なんだ！」となるわけです。

このようなケースで相談に来られた方に病医院経営者が正しいと思い込んでいたことが根拠のない都市伝説的な噂話の類であることや、行政の指導が不当であることを説明すると、「目からウロコが落ちた気分だ」とか「ようやくモヤモヤが解消された」と喜ばれる方が多いです。

3 病医院は多くの行政機関と関わりがある

(1) 病医院と関わりがある主な行政機関

中小病医院経営者にとって一番身近な相談相手は税理士と思われること、中小病医院経営者は医療業界に詳しい税理士を求めていると思われることを説明してきました。

しかし、病医院は多くの行政機関や法令と関わりがありますが、税理士はいわゆる税務と会計のプロなので、一般的な税理士が医療業界に詳しくないのは当然といえます。

中小病医院を経営するにあたり関わるであろう主な行政機関は、下記のとおりです。

行政機関名	主な関わり
保健所	診療所開設届、診療所開設許可申請、立入検査（医療監視）、管理者の変更等、医療機関の運営に関する事項
地方厚生局	保険医療機関指定申請、施設基準の届出、集団指導、個別指導等、保険診療に関する事項
都道府県または政令指定都市	医療法人設立認可申請、医療法人定款変更認可申請、決算届、役員変更届等、医療法人に関する事項
税務署、都税・県税事務所、市役所	税金に関する事項
ハローワーク（公共職業安定所）	雇用保険に関する事項や各種助成金の申請等

行政機関名	主な関わり
労働基準監督署	労災の手続、労働関係に関する監督・調査・立入検査（臨検）等
年金事務所	社会保険の手続や調査等

上記以外にも、労災保険指定医療機関の場合は都道府県労働局、生活保護法指定医療機関の場合は市区町村の健康福祉課等、介護保険施設を開設している場合は都道府県や市区町村の介護保険課等と関わりがありますし、行政機関以外でも国民健康保険団体連合会、社会保険診療報酬支払基金、医師会、歯科医師会、保険医協会等も関わってきます。

(2) 病医院と関わりがある法令

病医院と関わりがある行政機関が多いということは、病医院と関わりがある法令も多いということです。

病医院なので医療法、医薬品、医療機器等の品質、有効性及び安全性の確保等に関する法律（旧薬事法。今は「薬機法」や「医薬品医療機器等法」と略することが多い)、医師法、保健師助産師看護師法等の医事法は当然として、法人税法や所得税法等の税法、労働基準法や雇用保険法等の労働法はどの病医院にも必ず関わってきます。

また、医療法人は一般社団法人及び一般財団法人に関する法律を準用している部分が多いので、一般社団法人及び一般財団法人に関する法律の知識も必要ですし、民法や行政手続法等も関わってきます。

(3) 医業経営コンサルタントの分類

医療専門等とうたう税理士が増えていますが、前述したように病医院は多くの行政機関や法令と関わることもあって、ひと口に医業経営コンサルタントといってもその業務内容は様々です。

診療科目が医科と歯科に分かれており、医科がさらに内科、外科、耳鼻いんこう科、整形外科、リハビリテーション科等と細分化されているのと同じようなものです。

医業経営コンサルタントの分類と主な業務内容を下記にまとめました。

分　類	主な業務内容
税務・会計・事業計画	税務申告、会計処理、節税対策、相続対策、事業計画書・資金繰り表の作成等
経営戦略	病床区分の転換、将来を見据えた病院経営方針の見直し提言等
法務・手続	医療法人設立、各種認可申請・届出、診療所開設許可申請、保険医療機関指定申請、法務局への登記申請等
社会保険・労務	社会保険各種手続、給与計算、雇用関係助成金の申請等
設計・建築	病医院の設計、建築工事、新規開設に伴う各種届出等
紹介・派遣	医師・看護師等の紹介派遣業、医療施設用の土地・建物の斡旋・仲介等
事業承継	M＆A・居抜物件の斡旋、仲介、親族内承継に関するアドバイス、持分なし医療法人への移行等
保険・資産運用	生命保険・損害保険の仲介・販売、資産運用アドバイス等
レセプト請求	レセプト点検、レセプト診断、診療報酬改定時等の点数シミュレーション等

分　類	主な業務内容
開業	新規開業物件の斡旋・仲介、オープニングスタッフの募集・教育、新規開設に伴う各種届出、内装工事の企画・仲介等
美容・アンチエイジング	自由診療導入支援、サプリメント等物販の提案・商品提供等、WEB 戦略・広告戦略の提案・代行等
その他	接遇研修、院内暴力・クレーム対策、未収金回収・対策、事務長代行等

医療専門等とうたう税理士の多くは、医療専門、医業専門、または医業経営コンサルタント等と名乗っていますが、これは病医院でいえばいわゆる総合病院と名乗っているようなものです。

したがって医療専門等と名乗っている税理士は、上記のほとんどの分類をカバーできることが望ましいです。

しかし、実際にほとんどの分類をカバーできる税理士はごく僅かしかおらず、上記でいうところの「税務・会計・事業計画」のみを行っている税理士が多いように感じられます。

ですから私は、以前から「税務・会計・事業計画」を中心に行っている者は「医療税務専門」や「医業節税アドバイザー」等と、「法務・手続」を中心に行っている者は「医療法務コンサルタント」や「医療法人申請手続専門」等と名乗るべきだと言っています。病医院でいえば「○○内科クリニック」「△△歯科医院」「□□整形外科」のようなものです。これであればひと目でどの分類が得意なのかがわかるはずです。

しかし残念ながら現状は、ほとんどの税理士が医療専門、医業専門、または医業経営コンサルタント等といわゆる総合病院のように多くの分類を包括した形で名乗っていますので、そのことをよく理解したうえで税理士を選ぶべきだと思います。

第2章

顧問税理士は行政機関の不当と思われる指導から病医院を守ってくれているか

1 病医院に不利な医療法人を設立していないか

(1) 病医院に不利な医療法人の設立とは

税理士に医療法人設立を相談する病医院は多いと思いますし、多数の医療法人設立実績があることをうたう税理士事務所はたくさんあるようですが、しかし医療法人設立実績の数よりも、病医院にとって有利な条件で医療法人が設立されているかどうかのほうが大切ではないでしょうか。

都道府県は医療法人設立の手引きを作成していますが、この手引きどおりに医療法人を設立すると病医院にとって不利な条件となることが多いです。

そもそも都道府県は法的根拠のある正しい指導ばかりしているわけではなく、都道府県の医療法人担当者による法的根拠のない思い込みによる指導（以下、「思い込み指導」という）や前例だけを根拠にした指導（以下、「前例主義指導」という）が往々にしてあります。

前例主義指導は前例となっている指導が正しければ何の問題もないですが、かなりの確率で医療法が改正されているのに改正前の内容となっていたり、そもそも前例となっている指導が間違った思い込み指導であったりすることが多いです。

病医院に不利な医療法人設立の代表例として、下記３つを紹介します。

①　クリニックの医療法人化なのに出資金を1,000万円以上で設立
②　都道府県の根拠のない間違った指導のままで医療法人を設立
③　医療機器等の財産をすべて拠出して医療法人を設立

(2) クリニックの医療法人化なのに出資金を1,000万円以上で設立

平成19年4月以降は医療法が改正されて出資持分のない医療法人しか設立できず、ほとんどが基金を拠出した基金拠出型医療法人で設立をしています。基金は出資金ではないので今は1,000万円以上の基金で医療法人を設立しても特に不利益となることはありませんが、平成19年3月以前は出資金は資本金となるので、1,000万円以上の出資金で医療法人を設立すると主に以下のデメリットがありました。

① 設立初年度から消費税納税義務者になってしまう

② 法人住民税均等割額が高くなる

まず①ですが、消費税は原則として基準期間における課税売上高が1,000万円を超えた場合に消費税納税義務者となります。基準期間とは一般的には2期（2年）前の事業年度のことをいうので、新設した法人には基準期間がありません。しかし、消費税法には新設した法人の資本金が1,000万円以上の場合は基準期間に関係なく消費税納税義務者となる規定があります。

ですから平成19年3月以前の医療法人は、出資金が1,000万円以上かどうかはとても重要な問題でした。1,000万円以上の出資金で医療法人を設立すると初年度から消費税の納税が必要となり、1,000万円未満の出資金で設立した医療法人とは納税額で大きな差が生じるからです。

したがって私は、平成19年3月以前に設立した医療法人はクリニックにとって有利となるよう、必ず出資金を1,000万円未満としました。1件たりとも1,000万円以上の出資金で医療法人は設立していません。

しかし、多くの税理士はクリニックであっても1,000万円以上の出資金で医療法人を設立していました。これは都道府県の医療法人設立の手引きに「2か月分の運転資金を出資しなければいけない」

と書かれていたからです。要するに1,000万円以上の出資金で医療法人を設立した税理士は、都道府県の手引きに何の疑問も抱かずそのまま唯々諾々と設立した可能性があります。

ところが、厚生労働省から「健政発第410号（厚生労働省健康政策局長通知）」を医療法人の審査基準とする旨の通知が出されているので、すべての都道府県は「健政発第410号」を審査基準としています。そして「健政発第410号」には出資金について次のように書かれています。

医療法人の設立を認可するに当たって、一定期間の医療施設の経営実績を要件とすることは、望ましくないこと。なお、新たに医療施設を開設するために医療法人を設立する場合には、二ヶ月分以上の運転資金を有していることが望ましいこと。

つまり、個人で一定期間の経営実績があるクリニックを医療法人化する時は、2か月分の運転資金を出資をしなくていいのです。

したがって、私は前述したように平成19年3月以前に設立した医療法人は必ず出資金を1,000万円未満で設立しました。

医療法人設立の手引きに「2か月分の運転資金を出資しなければいけない」と書かれていると指導してきた都道府県もありましたが、審査基準である「健政発第410号」にはそのようなことは書かれていないことや、どうしても1,000万円以上の出資金にすることを強要するのであれば、本来は不要な消費税納税を強いることになるのでその損害賠償を負う覚悟があるのか等と反論し、結果として1件たりとも1,000万円以上の出資金で医療法人は設立していません。

次に②ですが、医療法人は出資金の金額に応じて法人都道府県税と法人市区町村税（この2つをまとめて、「法人住民税」という）の均等割額を納税しなければなりません。均等割額は都道府県や市区町村によって異なる場合がありますが、標準税は下記のとおりです。

【法人道府県民税の均等割額（標準税率)】

区分	年税額
公共法人、公益法人等、収益事業を行う人格のない社団等、一般社団法人、一般財団法人、資本金等の額が 1,000 万円以下の法人または出資を有しない法人	20,000 円
資本金等の額が 1,000 万円超 1 億円以下の法人	50,000 円
資本金等の額が 1 億円超 10 億円以下の法人	130,000 円
資本金等の額が 10 億円超 50 億円以下の法人	540,000 円
資本金等の額が 50 億円超の法人	800,000 円

【法人市区町村税の均等割額（標準税率)】

区分	従業員数	年税額
公共法人、公益法人等、収益事業を行う人格のない社団等、一般社団法人、一般財団法人、資本金等の額が 1,000 万円以下の法人または出資を有しない法人		50,000 円
資本金等の額が 1,000 万円以下の法人	50 人以下	50,000 円
	50 人超	120,000 円
資本金等の額が 1,000 万円超 1 億円以下の法人	50 人以下	130,000 円
	50 人超	150,000 円
資本金等の額が 1 億円超 10 億円以下の法人	50 人以下	160,000 円
	50 人超	400,000 円
資本金等の額が 10 億円超 50 億円以下の法人	50 人以下	410,000 円
	50 人超	1,750,000 円
資本金等の額が 50 億円超の法人	50 人以下	410,000 円
	50 人超	3,000,000 円

従業員数が50人以下の医療法人の場合、出資金が1,000万円未満の場合は都道府県民税2万円＋市区町村民税5万円＝7万円となりますが、出資金が1,000万円以上の場合は、都道府県民税5万円＋市区町村民税13万円＝18万円と年間で11万円も納付額が多くなります。

平成19年3月以前に出資金を1,000万円以上で医療法人を設立すると初年度の消費税納税だけでなく、設立後も毎年法人住民税均等割額を多く納付しなければならず、たとえ都道府県の医療法人設立の手引きに「2か月分の運転資金を出資しなければいけない」と書かれていても、個人で一定期間の経営実績があるクリニックであれば手引きどおりに申請するとクリニックにとって不利な医療法人設立になってしまうことがわかると思います。

なお、平成19年4月以降の医療法人設立は前述したように出資持分のない医療法人しか設立できないため、初年度から消費税納税義務者となることはないですし、法人住民税均等割額も標準税率で年間7万円となるので、基金の金額についてそれほどこだわる必要はなくなりました。

(3) 都道府県の根拠のない不当と思われる指導のままで医療法人を設立

私が直近で医療法人設立認可申請を行ったA県の事例を紹介します。

A県の医療法人設立については根拠のないローカルルールがたくさんありますが、中でも一番問題なのは、医療法人が不動産を賃借する場合の賃借料の算出方法です。

図表2－1　賃借料の算出方法

※　賃料の算出根拠

賃料の算出根拠については、次表のとおり。医療法人に過大な負担を与えない賃料設定が必要であるため、算出値を下回る金額を賃料とすること。

≪賃料算出方法の例≫

（1）　土地の賃料算出方法

「固定資産税評価額×6%」又は「土地の鑑定評価額×6%」

（2）　建物の賃料算出方法

「固定資産税評価額×10%」

固定資産税・都市計画税課税明細書を添付

<注意点>

これらの取得に要した借入金及びその利息を含めた賃料根拠は認められない。これは、事実上の負債引継に相当するためである。

ただし、建物の賃料計算で定額法による減価償却を考慮した設定は可である（定率法に基づく減価償却を考慮した賃料設定は認めていない。）。

（A県の医療法人設立事務に関する説明会資料（令和3年11月）より抜粋）

A県にこのようなローカルルールがあることは以前から知っていましたが、今まで私はA県に医療法人設立認可申請をする機会がなかったので特に異議を申し立てたりはしませんでした。しかし、令和3年にA県での医療法人設立認可申請の依頼を受けたので、早速A県に対して不動産を賃借する場合の賃借料の算出方法がおかしい点を指摘しました。

まず、A県の賃借料の算出方法は明らかに所得税基本通達36-40「役員に貸与した住宅等に係る通常の賃貸料の額の計算」を参考にしています。

図表２－２　固定資産税の評価

役員に貸与する社宅が小規模な住宅でない場合

役員に貸与する社宅が小規模住宅に該当しない場合には、その社宅が自社所有の社宅か、他から借り受けた住宅等を役員へ貸与しているのかで、賃貸料相当額の算出方法が異なります。

（1）自社所有の社宅の場合

次のイとロの合計額の12分の1が賃貸料相当額になります。

イ　（その年度の建物の固定資産税の課税標準額）×12パーセント

ただし、法定耐用年数が30年を超える建物の場合には12パーセントではなく、10パーセントを乗じます。

ロ　（その年度の敷地の固定資産税の課税標準額）×6パーセント

（2）他から借り受けた住宅等を貸与する場合

会社が家主に支払う家賃の50パーセントの金額と、上記（1）で算出した賃貸料相当額とのいずれか多い金額が賃貸料相当額になります。

（国税庁タックスアンサー（令和４年４月１日現在法令等）より抜粋）

Ａ県は、土地は固定資産税評価額×６%、建物は固定資産税評価額×10%で、所得税基本通達36-40では土地は固定資産税課税標準額×６%、建物は固定資産税課税標準額×12%（ただし法定耐用年数が30年を超える建物は10%）と、評価額と課税標準額の違いはありますが、割合はほぼそっくりです。

しかし、所得税基本通達36-40は通常の賃借料ではなく、社宅家賃の賃借料の計算方法です。所得税基本通達にも「役員に貸与した住宅等」と書いてありますし、他から借り受けた住宅の場合には通常の賃借料の50%といずれか多い金額が社宅家賃の金額となるので、基本的に社宅家賃というのは通常の賃借料の50%相当になります。

それなのにＡ県は、医療法人設立認可申請時は**図表２－１**による賃借料の算出方法でなければ認めないとずっと指導してきました。はっきり言って日本国憲法（憲法）第29条の財産権を明らかに侵害しています。

私がＡ県に不動産を賃借する場合の賃借料の算出方法がおかしいと指摘した時に「今まで誰からも言われなかったので気付かなかった」と言われましたが、憲法で定められた財産権すら侵害し、病医院にとって明らかに不利となる不当と思われる指導をよく今まで誰も指摘しなかったと逆に感心します。

図表２－３　持分なし医療法人への移行計画認定申請書の記載方法

参考

○　社員、理事、監事、使用人その他の医療法人の関係者に対して、以下の事例に該当する場合で、社会通念上不相当と認められる場合には、特別の利益供与は「有」とすること。

イ　法人の所有する財産をこれらの者に居住、担保その他の私事に利用させること。
ロ　法人の余裕金をこれらの者の行う事業に運用していること。
ハ　法人の他の従業員に比し有利な条件で、これらの者に金銭の貸付をすること。
ニ　法人の所有する財産をこれらの者に無償又は著しく低い価額の対価で譲渡すること。
ホ　これらの者から金銭その他の財産を過大な利息又は賃貸料で借り受けること。
ヘ　これらの者からその所有する財産を過大な対価で譲り受けること、又はこれらの者から当該法人の事業目的の用に供するとは認められない財産を取得すること。
ト　これらの者に対して、当該法人の役員等の地位にあることのみに基づき給与等を支払い、又は当該法人の他の従業員に比し過大な給与等を支払うこと。
チ　これらの者の債務に関して、保証、弁済、免除又は引受け（当該法人の設立のための財産の提供に伴う債務の引受けを除く。）をすること。
リ　契約金額が少額なものを除き、入札等公正な方法によらないで、これらの者が行う物品の販売、工事請負、役務提供、物品の賃貸その他の事業に係る契約の相手方となること。
ヌ　事業の遂行により供与する利益を主として、又は不公正な方法で、これらの者に与えること。

● イ、ロ、ハについて、医療法人は、不動産賃貸業(社会医療法人を除く)、金融業を行えないので、医療法人から関係者への不動産の貸付け、金銭の貸付けについては、医療法人の業務に付随して行うもの（例：看護師寮、福利厚生の一環として行う役職員への貸付等）しか認められない。審査上、提出書類として、貸付について一定の規定の整備や契約書等を求めることがある。

● ニ、ホ、ヘについて、著しく低い価額、過大な利息又は賃貸料、過大な対価であるかどうかを審査する上で、医療法人が適正な価額であると判断した根拠を求めることがある。根拠として不動産鑑定評価書、近隣類似物件の価額・賃貸借料、路線価、過去の取引実績等の客観的な説明資料を準備すること。

● リについて、関係者及び関係者の関与する法人との取引においては、契約の相手方としてその者を選定した理由を合理的に説明できる必要がある。該当がある場合は審査上、同業他社からの見積もりの徴求結果など説明資料を求めることがある。

株式会社その他の営利事業を営む者又は特定の個人若しくは団体の利益を図る活動を行う者に対しても、同様に取引の相手としての選定理由を説明できる必要があり、その説明資料を求めることがある。

（厚生労働省「持分の定めのない医療法人への移行計画の認定申請について」申請書類一式の記載例より抜粋）

私の知っている限りは、A県以外の都道府県は不動産を賃借する場合の賃借料は近傍類似という方法で賃借料が妥当な金額かどうかを判断しています。さらに持分の定めのない医療法人への移行計画の認定申請（いわゆる認定医療法人制度の申請）でも、賃借料については近傍類似物件の賃貸借料で妥当性を判断しています。

参考までにA県の賃借料の算出方法と近傍類似の違いを数字で示しておきます。なお、家賃、固定資産税評価額、近傍類似の㎡単価はほぼ本当の値ですが、物件はA県のものではありません。

例）医療法人が理事長個人より不動産を賃貸している某クリニックの例

・月額家賃144万円

・建物の面積は360㎡なので、㎡単価は4,000円

・近傍類似の㎡単価　4,164円、4,935円、4,350円

※近傍類似の㎡単価より該当物件の㎡単価が低いので問題なし

A県の賃借料の算出方法で計算した場合

・固定資産税評価額　土地　約7,000万円

　　　　　　　　　　建物　約3,500万円

(7,000万円×6%＋3,500万円×10%)÷12＝641,666円以下

近傍類似の㎡単価より少し低い㎡単価で計算しても144万円なのに、A県の賃借料の算出方法ではその半分以下の641,666円になってしまいます。はっきり言って641,666円の賃借料では借入金返済もできません。

いかにA県の賃借料の算出方法がおかしいかご理解いただけると思います。

私はA県に対して不動産の賃借料の妥当性を証明する資料として近傍類似を比較した表を提出して医療法人設立認可書を得ていますが、今まで多くの医療法人が不当な賃借料の算出方法で医療法人

設立認可申請をしていると思うと、依頼者である病医院が気の毒でなりません。

(4) 医療機器等の財産をすべて拠出して医療法人を設立

都道府県に対して医療法人設立認可申請をする時に、病医院の建物附属設備や医療機器等を拠出する形で申請することがあるようです。これは都道府県の医療法人設立の手引きに建物付属設備や医療機器等は拠出することが望ましいと書かれているからだと思われます。

しかし、東京都の医療法人設立の手引きに「原則として」と書かれているように、医療法人化にあたって財産を拠出するかどうかは

図表2－4　設立財産目録の明細書作成の注意点

«設立財産目録の明細書の作成上の注意»

1　科目は必要に応じて加除してください。

2　2以上の医療施設を開設する場合は、それぞれの医療施設ごとに区分し、小計を設けてください。表を分ける必要はありません。

3　個人開設している診療所等で使用されている財産は、原則として、所有者（通常は医療施設の開設者）が医療法人に拠出（寄附）する必要があります

4　各資産の金額については、以下のとおり算定してください。

ア　土地、建物　‥　不動産鑑定評価書又は固定資産評価証明書の額
イ　建物附属設備　‥　減価償却した簿価
ウ　現預金　……　残高証明書にある金額の範囲内
医業未収金については直近２か月分の診療報酬等の決定通知書の金額の範囲内
※　基準日時点の医業未収金は、拠出時には現預金であるため現預金の内訳になります。拠出時には未収金を引き継ぐのではなく、現金を振り込むことになります。
エ　医療用器械備品　‥　減価償却した簿価
オ　什器・備品　……　減価償却した簿価
カ　ソフトウェア　‥　減価償却した簿価（償却済みのソフトウェアは拠出することができません。）
の金額（退去時に返還される金額）
※　減価償却については、「基準日」があります。
直近の申請の基準日については、東京都福祉保健局のホームページ内の「医療法人設立
認
可に係る年間スケジュール」の ページ内の「医療法人設立認可に係る年間スケジュール」の「基準日一覧表」を御確認ください。
※　減価償却資産の簿価の計算に当たり、申請日が属する年の1月1日以後に取得した資産がある場合には、取得価額の根拠資料として、購入等に係る契約書（又は請求書）及び領収書を添付してください。
キ　電話加入権　……　時価
ク　保証金等　……　契約書の金額
※　契約書に保証金の償却に関する条項がある場合は、償却後の金額（退去時に返還される金額）

（東京都の医療法人設立手引き（令和元年６月版）より抜粋）

完全に任意です。

そもそも都道府県が医療法人設立にあたり財産の拠出を求めてくるのは、医療法第41条で「医療法人は、その業務を行うに必要な資産を有しなければならない。」と定められているからですが、医療法第41条の資産については「医療法の一部を改正する法律の施行に関する通知」（昭和25年8月2日・発医第98号）に下記のように書かれています。

> 第四一条の資産要件としては、定款又は寄附行為に記載された病院又は診療所に必要な物的施設即ち土地、建物等の不動産、医療用器械器具等の動産等を有することを要するが、右の物的施設の全部又は一部を有しないものであつても、これが建設又は購入に必要な資金（借入資金であつても差し支えない）を有する限り、本来の要件は充たされるものであること。

通知にははっきりと物的施設の全部または一部を有しないものであっても、建設または購入に必要な資金（借入資金であっても差し支えない）と明記されています。

したがって私は今までいくつも医療法人設立認可申請を行ってきましたが、一度たりとも建物附属設備や医療機器等を拠出して設立したことはなく、すべて売買契約で設立してきました。

このことは私の著書に書いてありますし、セミナーでも話したりしているので、よく「財産を拠出ではなく売買で医療法人設立認可申請をしたところ、都道府県の担当者から拠出でなければ認められないと言われた」という相談を受けますが、前述したように厚生省(当時)から通知が出ているので都道府県の指導が間違っています。

ところで、そもそも拠出と売買ではどちらが病医院にとって有利なの？ と疑問に思う方もいると思うので簡単に説明すると、拠出する場合は平成19年3月以前は出資金で、平成19年4月以降は基金となります。

基金は利息の付かない貸付金のようなものなので、いずれ医療法人から返してもらえる可能性があるものですが、わかりやすく説明するためにここでは出資金を前提として説明します。

出資金は原則として返してもらえないので、拠出した財産は医療法人に寄附した形となります。ただ、拠出した財産を購入するための借入金と証明できるものであれば負債を医療法人に引き継がせることができます。

しかし、医療法人に引き継げる負債は、財産そのものの取得に要した資金だけで運転資金等は一切認められません。具体的には、金銭消費貸借契約書の目的に、「医療機器購入資金」等と具体的に書かれていなければダメです。さらに借り換え等をしていると、財産の取得に要したことの証明がより困難になってきます。また借入により財産を取得したことの裏付けとなる契約書や領収書を用意しなければなりません。仮に領収書の日付が融資実行日以前だと引き継げない場合もあります。

このように本来は財産の取得のための借入金であっても引き継げない場合が多いので、ほとんどは医療法人に対する寄附という扱いになってしまいます。

ちなみに私は今まで医療法人設立時に一度たりとも負債の引継ぎをしたことはありません。すべて売買契約で設立してきているので、負債を引き継ぐ必要がないのです。

「私は都道府県の指導に従って負債引継ぎを行う」と言った税理士がいましたが、この税理士は大きな勘違いをしています。負債の引継ぎはしなければならないものではなく、条件次第で引き継いでも差し支えないというのが正しいです。

厚生労働省の通知にも、「医療法人の設立に際して、現物拠出又は寄附すべき財産が医療法人に不可欠のものであるときは、その財産の取得又は拡充のために生じた負債は、当該医療法人の負債として取り扱って差し支えないこと。」と書かれています。また都道府県もさすがに負債を必ず引き継げとは絶対に言わないはずです。

これに対して売買の場合は、医療法人から売買代金を支払ってもらうので、財産の取得のための借入金があっても問題なく返済できることが多いです。

・医療法人設立前の病医院の財産
　建物附属設備　　2,000万円
　医療機器　　　　1,500万円

・医療法人設立前の病医院の負債
　借入金　　3,000万円（うち医療法人に引継ぎ可能額2,000万円）
　未払金　　500万円（引継ぎ不可）

出資金として拠出して医療法人化した場合の医療法人の資産と負債

資　　産		負　　債	
建物附属設備	2,000万円	出資金（※）	1,500万円
医療機器	1,500万円	借入金	2,000万円

※出資金の計算
　負債総額3,500万円－医療法人に引き継いだ借入金2,000万円＝1,500万円

出資金として拠出して医療法人化した場合の理事長個人の資産と負債

資　　産		負　　債	
出資金	1,500万円	借入金	1,000万円
		未払金	500万円

※出資金は原則として医療法人から返金されないので、1,500万円の負債は理事長個人が返済しなければならない。

売買で医療法人化した場合の医療法人の資産と負債

資　　産		負　　債	
建物附属設備	2,000万円	未払金	3,500万円
医療機器	1,500万円		

売買で医療法人化した場合の理事長個人の資産と負債

資　　産		負　　債	
未収金	3,500万円	借入金	3,000万円
		未払金	500万円

※ 3,500万円の負債は医療法人に対する未収金3,500万円で返済可能

上記のように財産を拠出して医療法人を設立するより、売買で医療法人を設立したほうが、理事長個人が負担する負債が大幅に減ることが多いです。

逆にいうと、多額の財産を拠出して医療法人を設立したところは、本来は理事長個人が返済すべき負債を医療法人が支払っていることが多いので、理事長個人に対して多額の貸付金があるところが多いです。

このため医療法人化した後に借りてもいないのに医療法人に対して多額の借入金があると言われ、毎月の給料から返済する羽目になったと悩んでいる病医院経営者は結構多いですが、残念ながらかなりの確率で医療法人化の方法が間違っている可能性が高いです。

2 都道府県等の不当と思われる指導から病医院を守っているか

(1) 不当と思われる指導例①「介護老人保健施設の診察室なのに診療所としての許可が必要と指導されたケース」

都道府県等は法的根拠のある正しい指導ばかりしているわけではなく、法的根拠のない思い込み指導や前例主義指導が往々にしてありますが、これらの指導に従ってしまうと病医院にとって多大な損害を出す可能性がある場合は顧問税理士が指導の間違いを指摘し、不当と思われる指導から病医院を守る必要があると思います。

もし病医院にとって多大な損害を出す可能性がある不当と思われる指導に従ってしまうと、顧問先である病医院にとってマイナスとなるだけでなく、悪しき前例を作ることになり、その都道府県等の管轄下にある病医院全体に悪い影響を与えることにもなります。

その代表的なものとして、医療法人が運営している介護老人保健施設の実地指導の時に指導員が「介護老人保健施設内にある診察室は診療所に該当するので診療所開設許可申請が必要」と指導した例があります。

そのような話は聞いたことがないし、医療法に「公衆又は特定多数人のため医業又は歯科医業を行う場所」が診療所と定義されており、介護老人保健施設の診察室は入所者という限定された者だけを診察するので診療所ではないと反論しましたが、「入所者を診察するのは特定多数人のための医業だ」「うちの市にある介護老人保健施設では全施設に診療所開設許可申請をしてもらっている」の一点張りで全く取り合ってもらえませんでした。

もし、介護老人保健施設の診察室が診療所に該当するとなると、医療法人に多大な損害が出る可能性があります。診療所と介護施設はそれぞれが独立した出入り口を設ける必要がありますし、診療所には待合室や受付が必要なので、設備構造を基本的に見直す必要が生じてしまいます。それよりも、介護老人保健施設の施設基準で診察室が必須となっているので、もし診察室を診療所として許可申請してしまうと、介護老人保健施設としての施設基準を満たさないことになり介護報酬の全額返還を請求される可能性もあり、とても看過できません。

結論をいうと、完全にその市の思い込みによる悪しき前例主義指導であり、介護老人保健施設の診察室は診療所ではありません。

このことを市に認めさせるのにはかなりの時間がかかりました。実施指導の後で市に電話しても全く取り合ってもらえなかったので、県の介護老人保健施設を担当する部署に電話しましたが、ここでも「市の指導に従ってください」と全く取り合ってもらえません。介護老人保健施設の許可申請や手続は県が行っているのにこの対応です。

仕方がないので、診察室が診療所ではない根拠を細かく書いた文書を市に配達証明郵便で送付し、文章での回答を求めました。そしてなんと4か月後にやっと市から回答が届き、診察室が診療所に該当しないことを認めました。こんな当たり前の回答をもらうのに4か月もかかってしまいました。行政の指導を覆すのがどれ程大変かおわかりいただけると思います。

私は、医療法人にとって多大な損害が出る可能性がある前例主義指導の間違いを指摘することで事なきを得ましたが、気になるのは「うちの市にある介護老人保健施設では全施設に診療所開設許可申請をしてもらっている」と言っていた点です。このように市の職員が言うということは、少なくとも1件以上はこの指導を受け入れた医療法人があるということです。介護報酬の全額返還を請求されていないことを祈るのみです。

(2) 不当と思われる指導例②「診療所での物販は営利行為だからダメと指導されたケース」

これは保健所による個人開設の歯科医院への立入検査の時に、歯科医院が窓口で歯ブラシやフロス等を物販していることについて、「物販は営利行為だ。診療所は非営利が原則なので営利行為はできないから即刻撤去するように」と指導された事例です。立入検査に私は立ち会っていませんでしたが、保健所からの指導にどう対処すべきか相談されたので、完全に保健所職員による思い込み指導であり従う必要がないことを説明し、保健所側も間違いを認めたので事なきを得ていますが、それにしてもこの指導は間違いだらけです。

医療機関は非営利だという根拠としてよくあげられるのが、医療法第7条第6項です。

◆医療法第7条（一部抜粋）

> 第7条　病院を開設しようとするとき、医師法第16条の4第1項の規定による登録を受けた者及び歯科医師法第16条の4第1項の規定による登録を受けた者でない者が診療所を開設しようとするとき、又は助産師でない者が助産所を開設しようとするときは、開設地の都道府県知事の許可を受けなければならない。
>
> （中略）
>
> 6　営利を目的として、病院、診療所又は助産所を開設しようとする者に対しては、第4項の規定にかかわらず、第1項の許可を与えないことができる。

確かに医療法第7条第6項には、営利を目的とする者には許可を与えないことができると書かれていますが、与えないことができるのは第1項の許可です。第1項の許可とは、病院を開設するときと医師または歯科医師でない者（医療法人や一般社団法人等）が診療所を開設するときの許可のことです。個人開設の診療所は許可を必要としないので、医療法第7条第6項は個人開設の診療所には無関係です。

次に医療機関は非営利だという根拠としてあげられるのが、医療法第54条です。

◆医療法第54条

第54条　医療法人は、剰余金の配当をしてはならない。

医療法人の剰余金の配当禁止について書かれた条文ですが、ここでも個人開設の診療所については一切触れられていません。つまり“医療は非営利”なのではなく、“病院と医療法人等は非営利”なのです。個人開設の診療所が非営利だとする法令や通知は存在しません。個人開設の診療所も非営利が原則だというのは単なる思い込みです。

そして非営利法人の定義は一般的に、「その団体であげた利益をその団体の構成員で分配しないこと」です。これは医療法第54条と同様の趣旨です。つまり利益を否定しておらず、団体であげた利益を分配しなければ、なんら問題はありません。利益を内部留保したり、新たな設備投資に使ったりする分には一向に構わないのです。厚生労働省も非営利の意味を「医療を提供する法人は、営利を目的としないこと、すなわち、法人の対外的活動による収益性を前提としてその利益を構成員に分配することを目的としないこと（非営利性の確保）が求められるということとなっており、医療を提供する医療法人については、営利を目的としないということが大きく求められるということです。」と説明しています（「医療法人の事業展開等に関する検討会」の議事録より抜粋）。

さらに、物販は営利行為というのも完全に間違いです。確かに物販は利益を上乗せして販売しますが、販売という行為をもって営利と断定するのであれば、国や地方公共団体を含めたすべての団体が営利行為を行っていることになります。国会にすら売店がありますし、通信販売も行っています。さらに都道府県にだって売店や喫茶店などは必ずあります。

つまり、利益を上乗せして販売する行為が営利行為に該当するのではなく、そこであげた利益をどうするかで営利を目的としているかどうかが決まるのです。

前述したように、「法人の対外的活動による収益性を前提としてその利益を構成員に分配することを目的としないこと」が非営利の意味なので、逆にいうと「利益を構成員に分配することを目的にする」と営利を目的にしていることになります。国や地方公共団体が売店や喫茶店を経営しても非営利に反しないのは、そこであげた利益を国や地方公共団体の運営に充てているからです。

そしてこの考え方は、病院や医療法人についても全く同じです。

さらにダメ押しなのは、厚生労働省から「医療機関におけるコンタクトレンズ等の医療機器やサプリメント等の食品の販売について」という通知が各都道府県、保健所設置市、特別区の医療担当部宛に発出されている点です。

この通知には、「医療機関においてコンタクトレンズ等の医療機器やサプリメント等の食品の販売を行うことは、当該販売が、患者のために、療養の向上を目的として行われるものである限り、以前から可能ですので、適切に取扱われますよう、お願いいたします。」と書かれており、今回の保健所の指導はこの通知に完全に反しています。

これらの事例で皆様に知っていただきたいのは、行政機関の指導が正しいとは限らないということと、行政の指導を覆すのは大変だということです。しかし、どれ程大変であっても不当と思われる指導は改善しない限り悪しき前例主義指導がずっと続いてしまいます。

そして病医院にとって大切なのは、顧問税理士が行政機関の不当と思われる指導から病医院を守ってくれるかどうかですが、これは日頃から行政機関の指導に唯々諾々と従っている税理士には難しいことでしょう。

3 名義貸しで分院を開設していないか

（1）分院の開設方法

最近分院を出すクリニックが増えています。特に美容系のクリニックと歯科医院に多く見られます。グループ化が進んでいると言っても差し支えないと思います。

分院の開設方法として以下の４つがありますが、①から③の詳しい説明は後ほど行いますので、ここでは名義貸しについて詳しく説明します。

【分院の開設方法】

① 医師または歯科医師（以下、「ドクター」という）個人で開設
② 本院と同じ法人で開設
③ 本院とは別の法人で開設
④ 名義貸しで開設

（2）名義貸しは厳禁

上記の分院の開設方法のうちもっとも問題なのは名義貸しですが、分院を名義貸しで開設するケースはかなり多いようです。

名義貸しで開設したクリニックにどうして名義貸しで開設したのか理由を聞くと、そのほとんどは「税理士に大丈夫と言われた」と回答してきます。

上記のように回答する税理士は、所得税法は実質所得者課税の原則があるので実質的な経営者が所得税の申告をすれば良いという考えなのかもしれません。

名義を貸したドクター（以下、「雇われ院長」という）ではなく、実質的な経営者であるドクターの名前で確定申告をしていた

ケースを実際に見たことがあります。

また夫婦ともに医師で、夫と妻がそれぞれ別のクリニックを開設しているのに、確定申告は夫が２つのクリニックをまとめて申告していたケースもありました。夫婦間なので一見すると問題ないように見えるかもしれませんが、これも医療法上は名義貸しに該当します。たとえ所得税法で問題がなくても、医療法では名義貸しは大問題です。

厚生労働省は「医療機関の開設者の確認及び非営利性の確認について」という通知で名義貸しを禁止しています。

【「医療機関の開設者の確認及び非営利性の確認について」より一部抜粋】

> 医療法第七条及び第八条の規定に基づく医療機関の開設手続きについては、特に、開設者が実質的に医療機関の運営の責任主体たり得ること及び営利を目的とするものでないことを十分確認する必要があり、これまでも昭和六二年六月二六日総第二六号指第二〇号健康政策局総務課長・指導課長連名通知（以下「昭和六二年通知」という。）により、ご配意いただいているところであるが、今般、医療法に基づく病院の開設・経営に当たって、開設者が実質的に病院の開設・経営の責任主体でなくなっていたにもかかわらず病院の廃止届を提出せず、当該病院が開設者以外の者により開設・経営されていたという事例が明らかになった。
>
> これは医療法の根幹に関わることであり、これらの事態は、開設許可時においても十分な審査と適切な指導を行うことにより、未然に防止できる事例も少なくないと考えられるので、今後かかることのないよう、開設許可時の審査に当たって、開設申請者が実質的に開設・経営等の責任主体たり得ないおそれがある場合及び非営利性につき疑義が生じた場合の確認事項、または、開設後に開設・経営等につき同様の疑義が生じ、特別な

> 検査を必要とする場合の検査内容を、左記のとおり定めたので、開設許可の審査及び開設後の医療機関に対する検査にあたり十分留意の上厳正に対処されたい。

（厚生労働省通知（アンダーラインは筆者））

また、同じく厚生労働省が出した「令和4年度の医療法第25条第1項の規定に基づく立入検査の実施について」という通知には下記のように書かれています。

【「令和4年度の医療法第25条第1項の規定に基づく立入検査の実施について」より一部抜粋】

> カ．住民等から提供された情報に対する対応について
> 住民、患者等からの医療機関に関する苦情、相談等については、医学的知見に関して診療に関する学識経験者の団体等に相談し、速やかに事実確認を行うなど適切に対応する。また、医師、歯科医師が行う医療の内容に係る苦情等について、過剰診療や名義貸しなどが疑われる場合には、必要に応じ、厚生労働省による技術的助言を得た上で、保険・精神・福祉担当部局等の関係部局との連携を図り厳正に対処する。

（厚生労働省通知（アンダーラインは筆者））

名義貸しが発覚すると医療法違反で逮捕されます。実際に何度もニュースで報道されています。

どうして医療法違反になるのかというと、雇われ院長が開設者ではなく実質的な経営者が開設者とみなされるからです。そして医療法第7条第1項で、医師または歯科医師でない者が診療所を開設しようとするときは許可を受けなければならないと定められており、この許可を取らずにクリニックを開設しているので医療法違反となるわけです。

ちなみに実質的な経営者がドクター個人であっても、医療法第12条では、診療所の開設者が診療所の管理者となることができる者である場合は、自らその診療所を管理しなければならないと定められており、実質的な経営者となるドクター個人がそのクリニックの管理者であれば何の問題もありませんが、別の者（要するに雇われ院長）を管理者とする場合は、同じく医療法第12条の但し書きの規定により診療所の所在地の都道府県知事の許可を受ける必要があります。

つまり、実質的な経営者が法人か個人かを問わず医療法違反となるわけです。

（3）医療法違反以外で名義貸しで起こり得る問題

医療法違反以外にも名義貸しだと次のような問題が発生する可能性が高いです。

①　分院を乗っ取られる

名義貸しの場合、保健所や地方厚生局等への届出はすべて雇われ院長の名義になっています。また、建物の賃貸借契約の名義も雇われ院長になっている場合もあります。

つまり、法的にはもともと雇われ院長が開設者であり、雇われ院長がその気になれば簡単に分院を乗っ取ることが可能です。

実質的な経営者と雇われ院長の間で名義貸しに関する念書等を交わしていても、そもそも名義貸しは公序良俗に反しており、民法第90条で「公の秩序又は善良の風俗に反する法律行為は、無効とする。」と定められているので法的には無効です。

②　雇われ院長や従業員から通報をネタに昇給等を要求される

これは乗っ取り以上によくある事例です。行政機関に名義貸しであることを通報されると、前述したように医療法違反で逮捕される可能性があるので、実質的な経営者はとても困ります。名義を貸した雇われ院長は、自身にも保険医登録取消などの処分があり得るのであまり露骨に要求してきませんが、従業員は昇給、ボーナス増額、退職金上乗せなどを露骨に要求してくることがあります。

これは名義貸しに限りません。無診察処方、保険診療の不正請求、脱税の場合等も同様なので、従業員に弱みを握られるような違法行為は厳に慎むべきです。

③ 法人化する時に確定申告書を提出できない

ドクター個人で開設しているクリニックを法人化するときに、都道府県等から確定申告書の提出を求められることがありますが、名義貸しの場合は確定申告そのものをしていなかったり、確定申告をしていても収入のほとんどを委託費等の名目で実質的な経営者が所有する会社に支払っていたり、クリニックで働く従業員はすべて実質的な経営者が所有する会社で雇用されており雇われ院長の確定申告書には人件費が１円も計上されていない等、とても都道府県等に見せられる内容でない場合が多いです。

そのため、確定申告書を提出できないことがネックとなり、法人化を断念しているクリニックがあります。実際に私も何度かこのような案件の相談を受けたことがあります。

④ 開設者が替わる度に廃止届・開設届を提出しなければならない

名義貸しで分院を開設している場合、雇われ院長が替わる度に診療所廃止届と診療所開設届を提出しなければなりません。これが年に何度もあると保健所は当然名義貸しを疑い説明を求めてきます。

以上のように名義貸しでの分院開設は絶対に辞めるべきです。もし既に名義貸しで分院を開設しているのであれば、早急に法的に問題がない方法での分院開設に切り換えるべきです。問題が起きるまで放っておく方もいると思いますが危険なのでお勧めできません。

4 医療法人とMS法人との役員兼務について正しく理解しているか

（1）医療法人とMS法人の役員兼務の正しい知識

医療法人とMS法人の役員は兼務できないと勘違いしている方が非常に多くいます。医療法人とMS法人の役員兼務ができないという根拠は、医療法人運営管理指導要綱に医療法人の役員の適格性について下記のように書かれているからです。

【医療法人運営管理指導要綱】（一部抜粋）

> 医療法人と関係のある特定の営利法人の役員が理事長に就任したり、役員として参画していることは、非営利性という観点から適当でないこと。

この一文を根拠に、都道府県から医療法人とMS法人の役員兼務は絶対に認められないと指導されるケースが多く見受けられますし、病医院の利益を守るべき立場であるはずの税理士でさえ「兼務できない」と言っていることがあります。

しかし、医療法人運営管理指導要綱には「非営利性という観点から適当でない」と書かれていますが、一切認めないとは書かれていません。

したがって、医療法人運営管理指導要綱を根拠に医療法人の役員の適格性を判断するのであれば、重要なポイントは非営利性となります。

第2章2「都道府県等の不当と思われる指導から病医院を守っているか」の項で説明したように、非営利の一般的な定義は「その団体であげた利益をその団体の構成員で分配しないこと」です。

利益は収入から経費を差し引いたものですから、団体からお金を支払うことがすべて利益の分配となるわけではなく、一般的に公正妥当と認められる必要経費として支出するものは利益の分配には該当しません。

ですから、医療法人運営管理指導要綱の正しい解釈は、「非営利性を損なわない限り、医療法人の役員はMS法人の役員になれる」です。

実際に私は某有名企業が経営危機にある医療法人を立て直す目的で医療法人の経営に関与することになった時に、医療法人で銀行からの融資を受けやすくするために某有名企業の役員が医療法人の役員を兼務する必要があるが、コンプライアンスの問題があるので事前に都道府県の確認を取りたいという某有名企業側の依頼を受けて、都道府県と役員兼務について話をしたことがあります。都道府県に対して非営利性を損なっていない資料を提出して説明したところ、このケースでは役員兼務は差し支えないという回答をもらいました。

さらに、厚生労働省は平成24年に「医療法人の役員と営利法人の役職員の兼務について」という通知を出しています。この通知には「医療法人と他の法人の役職員を兼務して問題ないと考えられる範囲の明確化を図ることとされたところであり、今般、この趣旨を踏まえて既往の通知を改正し、本日から適用することとした」と書かれています。既往の通知とは「医療機関の開設者の確認及び非営利性の確認について」（平成5年総第5号・指第9号）のことですが、下記のように通知を改定しています。

【医療機関の開設者の確認及び非営利性の確認について】（一部抜粋）

③　開設者である個人及び当該医療機関の管理者については、原則として当該医療機関の開設・経営上利害関係にある営利法人等の役職員を兼務していないこと。

ただし、次の場合であって、かつ医療機関の非営利性に影響を与えることがないものであるときは、例外として取り扱うことができることとする。

また、営利法人等との取引額が少額である場合も同様とする。

・営利法人等から医療機関が必要とする土地又は建物を賃借する商取引がある場合であって、営利法人等の規模が小さいことにより役職員を第三者に変更することが直ちには困難であること、契約の内容が妥当であると認められることのいずれも満たす場合

④　開設者である法人の役員については、原則として当該医療機関の開設・経営上利害関係にある営利法人等の役職員を兼務していないこと。

ただし、次の場合（開設者である法人の役員（監事を除く。）の過半数を超える場合を除く。）であって、かつ医療機関の非営利性に影響を与えることがないものであるときは、例外として取り扱うことができることとする。また、営利法人等との取引額が少額である場合も同様とする。

ア　営利法人等から物品の購入若しくは賃貸又は役務の提供の商取引がある場合であって、開設者である法人の代表者でないこと、営利法人等の規模が小さいことにより役職員を第三者に変更することが直ちには困難であること、契約の内容が妥当であると認められることのいずれも満たす場合

イ　営利法人等から法人が必要とする土地又は建物を賃借す

る商取引がある場合であって、営利法人等の規模が小さいことにより役職員を第三者に変更することが直ちには困難であること、契約の内容が妥当であると認められることのいずれも満たす場合

ウ　株式会社企業再生支援機構法又は株式会社東日本大震災事業者再生支援機構法に基づき支援を受ける場合であって、両機構等から事業の再生に関する専門家の派遣を受ける場合（ただし、開設者である法人の代表者とならないこと。）

（厚生労働省）

営利法人の規模が小さいことにより役職員を第三者に変更することが直ちには困難であることと、契約の内容が妥当であると認められることの両方を満たす必要があるとはいえ、厚生労働省は営利法人との役員兼務をきちんと認めていますが、いまだに営利法人との役員兼務は絶対にできないと指導している都道府県が多いのが現状です。根拠のない思い込み指導と前例主義指導の悪弊がここにも表れています。

(2) 役員兼務に対する実務的な対応方法

上記で説明したように、「非営利性を損なわない限り、医療法人の役員はMS法人の役員になれる」が正しい役員兼務の解釈ですが、私は可能な限り医療法人とMS法人の役員兼務はお勧めしていません。

理由は、厚生労働省の通知があるにもかかわらず、都道府県への説明がものすごく大変だからです。特に医療法人設立認可申請時や定款変更認可申請時は都道府県から、かなり執拗に説明を求められる傾向があるので、その間だけでも医療法人とMS法人の役員兼務を避けることを強くお勧めします。

どうしても役員兼務が必要な場合は、あらかじめ契約の内容が妥当であって非営利性を損なっていないことを証明できる資料を用意しておくべきです。

このことをわかっていて役員兼務をするのは構いませんが、中にはこのことを知らずに、役員兼務の状態で都道府県に対して医療法人設立認可申請や定款変更認可申請を行い、都道府県から指摘されてから慌てて資料を用意するなど、いわゆる後手後手の対応をする方がいます。

都道府県に一度提出した資料は原則として取り下げはできないので、後手後手の対応だとどうしても説明に無理がある場合が多く、結局都道府県の指導どおりの対応をすることが多くなるようです。

なお、役員兼務が問題になるのは、あくまで医療法人と取引がある（利害関係にある）営利法人だけです。医療法人と一切取引がない営利法人の役員を兼務したり、代表取締役になったりすることは何ら問題はありません。

以前に医療法人の理事長の配偶者が代表取締役をしている株式会社があり、その配偶者は医療法人の理事でもあるので、役員兼務やMS法人で気を付けるべきことがあったらアドバイスして欲しいと相談を受けたことがあります。詳しい話を聞いてすぐに医療法人とMS法人との間に一切取引がないことがわかったので、そもそもMS法人ではなく、普通の株式会社なので少なくとも医療法人との関係で気を付けることは何もないと答えたことがあります。

MS法人の明確な定義はありませんが、私は病医院と何らかの取引をする法人のことをMS法人と呼んでいます。したがって、病医院と一切の取引をしていない株式会社をMS法人と考えてしまうと余計な心配をすることになるので、病医院と一切の取引をしていない株式会社はただの株式会社と考えてください。

(3) 営利法人は医療法人の法人社員になれない

医療法人とMS法人の役員兼務ではないのですが、たまに「MS法人は医療法人の法人社員になれますか？」という質問があるので、少し説明しておきます。

結論を先に言うと、MS法人を含む営利法人は医療法人の法人社員にはなれません。医療法人の法人社員にMS法人がなれるのでは？ という誤解が生じる原因は、医療法人運営管理指導要綱にあると思っています。

図表2－5 医療法人運営管理指導要綱（一部抜粋）

4 社員 （社団たる医療法人）		
(1) 現員	1 社員名簿の記載及び整理が適正に行われていること。	・社員名簿の記載事項は次のとおり ① 氏名 ② 生年月日（年齢） ③ 性別 ④ 住所 ⑤ 職業 ⑥ 入社年月日（退社年月日） ⑦ 出資持分の定めがある医療法人の場合は出資額及び持分割合 ⑧ 法人社員の場合は、法人名、住所、業種、入社年月日（退社年月日）（なお、法人社員が持分を持つことは、法人運営の安定性の観点から適当でないこと）

（厚生労働省）

前ページのように医療法人運営管理指導要綱には、「法人社員の場合は、法人名、住所、業種、入社年月日（退社年月日）（なお、法人社員が持分を持つことは、法人運営の安定性の観点から適当でないこと)」としか書かれていません。

ですから、営利法人は医療法人の持分を持つことはできないが法人社員になれると勘違いする方がいるようです。

しかし厚生労働省は、「医療法人の機関について」という通知を出しており、この通知に「社団たる医療法人の社員には、自然人だけでなく法人（営利を目的とする法人を除く。）もなることができること。」と書かれているので、MS法人を含む営利法人は法人社員となることはできません。

医療法人に関しては法令や医療法人運営管理指導要綱だけでなく通知も必ず確認しなければなりません。たくさんの通知があってわかりづらいのは事実ですが、医療専門等とうたう税理士、少なくとも医療法人に詳しいとウェブサイト等で宣伝している税理士は、医療法人関連の通知だけでも知っておく必要があると思います。

第3章

税理士にありがちな適切ではないアドバイス事例

1 個人開設クリニックの法人化は医療法人だけではない

（1）非営利法人でのクリニック開設

個人開設しているクリニックが税理士に法人化の相談をすると、医療法人でなければ無理というアドバイスを受けることが多いようですが、これは間違いです。

税理士に限らず、多くの方が医療法人以外ではクリニックを開設できないと思い込んでいるようですが、厚生労働省は「医療法人以外の法人による医療機関の開設者の非営利性の確認について」という通知を出しており、医療法人以外でも非営利法人であればクリニックを開設することができます。

【医療法人以外の法人による医療機関の開設者の非営利性の確認について】（一部抜粋）

医療法人以外の法人による医療機関の開設者の非営利性の確認について

（平成 19 年 3 月 30 日）
（医政総発第 0330002 号）
（各都道府県医政主管部（局）長あて厚生労働省医政局総務課長通知）

医療法第七条及び第八条の規定に基づく医療機関の開設手続きに際しての確認事項については、これまでも平成五年二月三日総第五号・指第九号健康政策局総務課長・指導課長連名通知（以下「平成五年通知」という。）により、ご配意いただいているところであるが、今般、良質な医療を提供する体制の確立を図るための医療法等の一部を改正する法律（平成十八年法律第八十四号。以下「改正法」という。）において、医療法人の解散時の残余財産は個人に帰属しないこととする等の規定を整備し、医療法人の非営利性に関する規律の明確化を図ったところである。

改正法の趣旨に鑑みれば、医療法人以外の法人についても非営利性の徹底を図ることが必要であることから、今般、医療法人以外の法人が解散した時の残余財産の取扱いについて、医療機関を開設する際に留意すべき点を定めたので、当該法人の開設許可の審査及び開設後の医療機関に対する検査にあたり十分留意の上厳正に対処されたい。

なお、その他の事項については、引き続き平成五年通知に基づいて審査及び指導願いたいが、近年、特定非営利活動法人や、今般の公益法人制度改革による一般社団法人・一般財団法人など、従来の法人と比べて簡易な手続きで法人を設立できる仕組みが整備されてきていることから、平成五年通知に定める「医療機関の開設者に関する確認事項」については、従来以上に慎重に確認の上、対処されたい。

併せて、本通知の旨を各都道府県内関係部局に周知願いたい。

（厚生労働省（アンダーラインは筆者））

上記通知に書いてあるように、医療法人以外の法人が医療機関を開設する場合は非営利性を徹底する必要があります。

つまり、剰余金の配当の禁止と、解散時の残余財産の帰属先を国や地方公共団体等に限定する必要があります。

したがって、非営利性が確保されている社会福祉法人や特定非営利活動法人のほかに、非営利型の一般社団法人でも医療機関を開設することができます。

都道府県や市区町村等の地区医師会が休日応急診療所等を開設しているのはご存じだと思いますが、多くの地区医師会は非営利型の一般社団法人です。

(2) 非営利型の一般社団法人によるクリニック開設が増えている

非営利法人には社会福祉法人や特定非営利活動法人等がありますが、最近増えているのは非営利型の一般社団法人です。

一般社団法人は定款の違いにより営利型と非営利型に分けられますが、このうちクリニックを開設できる可能性があるのは、非営利型のみです。可能性とわざわざ書いたのは、クリニックの開設を許可するかどうかは保健所によって異なるので必ずクリニックを開設できるとは限らないからです。

一昔前は、保健所から一般社団法人による診療所開設許可は絶対に認められないと門前払いされることもありましたが、最近は非営利法人でのクリニック開設は法令で認められているので門前払いする保健所は減っており、その代わり非営利法人での診療所開設許可申請の許可要件のハードルを上げて申請しにくくする保健所が増えているようです。

ところで、非営利型の一般社団法人でのクリニック開設を「医療型一般法人」や「クリニック型一般法人」等と称する方がいるようですが、このような呼称では誰でもクリニックを開設できる一般法人があると勘違いする人がいると思います。

実際に当事務所にも非営利型一般社団法人による診療所開設に関する相談がありますが、相談に来る方の多くは非医師です。非医師ではダメといっているわけではなく、非医師からの相談であっても社会的貢献を目的とするなど、非営利性を理解している方であれば相談に応じています。

しかし中には、「定年退職後にできる仕事として考えている」とか、「非医師でも診療所を経営できると聞いたので興味がある」といった明らかに制度を誤認した方がいます。

そのような方に、非営利型の一般社団法人が大前提であり、誰でも診療所を開設できるわけではないと説明しても、「でも法的には問題ないですよね？」と念を押してきたり、「保健所に許可申請する時だけ非営利型の要件を満たせば大丈夫だと聞いた」と言ってきたりする人すらいます。

どうやら非医師でも一般社団法人なら誰でもクリニックを開設できると吹き込んでいる人がいるようですが、これは完全に制度を誤解しています。

誰もがクリニックを開設できる一般社団法人があるのではなく、正しくは「非営利を徹底した一般社団法人であればクリニックを開設できる」です。

なお、一般社団法人だけでなく非営利型の一般財団法人でもクリニックの開設は可能ですが、一般財団法人は財産（300万円以上）を拠出して設立する必要があり、拠出された財産そのものに法人格が与えられます。しかし、財産に法人格が与えられているので、純資産額が2期連続して300万円を下回った場合は解散しなければなりません。

クリニック運営という面で考えた場合、赤字になることは十分あり得ます。例えば、新型コロナウイルスの影響で赤字になった診療所はかなり多いです。そして純資産額がマイナス（債務超過）となっている医療法人も少なからずあります。

これらのことから、少なくともクリニックを開設する非営利法人には一般社団法人を選択するケースが多いです。

(3) 医療法人と一般社団法人の主な違い

医療法人と一般社団法人の主な違いを簡潔にまとめてみました。

	医療法人	一般社団法人
主務官庁	都道府県	−
設立・開設	都道府県の設立認可と診療所の開設許可が必要	診療所の開設許可のみ （ただし非営利型が前提）
定款変更	原則として事前に都道府県の認可が必要	変更後に保健所に届出
定期的な届出	決算届（毎年） 役員変更届（変更の都度） 登記完了届（毎年）	−
定期的な登記	毎年の資産総額変更登記 2年ごとの役員変更登記	2年ごとの役員変更登記 （ただし監事は最長4年ごと）
相続税	持分なし医療法人は基金を除き課税されない	非営利型は基金を除き課税されない
事業税	社会保険診療に係る分は非課税	非営利型は社会保険診療に係る分は非課税
理事の同族要件	−	非営利型は1／3以下
社員の定数	都道府県により指導内容が異なるが概ね3名以上	設立時は2名以上（※） その後1名でも問題ないが社員が0名になった場合は解散
社員資格	医療法人運営管理指導要綱による制限あり	法人であっても社員になれる（※）
代表者	理事長1名のみ	複数の代表理事が可能
決算書の閲覧	誰でも閲覧可能	−

（法務省「一般社団法人及び一般財団法人制度Ｑ＆Ａ」を参考）

(4) 一般社団法人でクリニックを開設する場合のポイント

非営利型の一般社団法人でクリニックを開設する場合は、医療法人ではなく一般社団法人で開設する理由、開設者（一般社団法人のこと）が実質的なクリニックの開設・経営の責任主体であること、および非営利性を徹底していることをしっかり保健所に説明する必要があります。

前述したように、保健所によって対応が異なるので必ず事前相談が必要です。

保健所の中には活動実績がある一般社団法人でなければクリニックの開設を認めないと指導してくるところもあるようですが、医療法人の場合は、個人診療所として実績のないクリニックでも２年分の事業計画書・予算書を添付することで医療法人の設立認可申請が認められることや、「医療法人以外の法人による医療機関の開設者の非営利性の確認について」や「医療機関の開設者の確認及び非営利性の確認について」等の通知に活動実績が必要とは書かれていないことを保健所職員に丁寧に説明すべきです。

なお、本来は医療法人と違い一般社団法人は決算届等の提出は必要ありませんが、保健所によっては決算届のような書類の提出を求めてくるところもあるようです。保健所も書類の提出を定めた法令がないことは知っているうえでのお願いなので、どう対処するかは各自の判断となりますが、クリニックにとって特に不利益がなければ要望に応じるという判断もありだと思います。

また、非営利型の一般社団法人による診療所開設許可については、『非営利型一般社団法人による 診療所開設ハンドブック』（一般社団法人医業経営研鑽会編集・日本法令）で詳しく解説しています。

2 MS 法人に関する不適切な税理士のアドバイス例

(1) MS 法人が節税になるというのは間違い

第２章4「医療法人と MS 法人との役員兼務について正しく理解しているか」で医療法人と MS 法人の役員は兼務できないと勘違いしている方が多いことを説明しましたが、MS 法人については、ほかにも、税理士が病医院経営者に対して間違った説明をしているケースが見受けられます。

その１つに、「MS 法人が節税になる」というのをあげることができます。

消費税が導入される以前は、確かに MS 法人を活用することで節税することはできましたが、平成元年に消費税が導入されてからは節税どころか増税になっているケースのほうが多いです。そして消

図表２－６　MS 法人による節税額シミュレーション

■医療法人単独の納税額　（単位：円）

年収	100,000,000	
所得金額	20,000,000	
法人税・地方法人税	4,159,200	
法人事業税・地方法人特別税	340,800	（社会保険割合　70％）
法人地方税	583,900	
法　人　税　等　計	5,083,900	実効税率　25.42%
消費税	1,500,000	簡易課税・すべて10％
納　税　額　合　計	6,583,900	＆第5種事業

■合算した場合の納税額　（単位：円）

年収	100,000,000	
所得金額	21,500,000	
法人税・地方法人税	4,522,600	
法人事業税・地方法人特別税	373,600	（社会保険割合　70％）
法人地方税	628,800	
法　人　税　等　計	5,525,000	実効税率　25.70%
消費税	1,500,000	
納　税　額　合　計	7,025,000	

MS法による節税額	△965,800

■MS法人単独の納税額　（単位：円）

年収	20,000,000	簡易課税・すべて10％＆第5種事業
所得金額	1,500,000	
	234,900	
法人事業税・地方法人特別税	73,000	
法人地方税	99,000	
法　人　税　等　計	406,900	実効税率　27.13%
消費税	1,000,000	
納税額合計	1,406,900	

■２社の合計納税額	7,990,800

※合算した場合の所得金額は下記により簡易的に計算しました。
①医療法人単独の所得金額　20,000,000円
②合算によりMS法人への支払は不要になるのでMS法人の年収20,000,000円を加算
③MS法人の必要経費（年収－所得金額＝18,500,000円）を減額
①＋②－③＝21,500,000円

費税が3%、5%、8%、10%と上がる度に金額も増えています。

図表2－6は年収1億円（社会保険割合70%）の歯科医院で、年間2,000万円の委託費をMS法人に支払っているケースを想定してシミュレーションしたものです。

このケースだとMS法人を活用することで年収（1億円）の約1%に相当する年間965,800円も税金が増えていますが、増えた主な原因は消費税です。

図表2－6を見るとMS法人に支払った2,000万円に対して年間100万円も消費税を支払う必要がありますが、医療法人のみでMS法人がなければ単純にこの分の消費税が浮きます。

また、**図表2－6**の実効税率を見ると医療法人単独の実効税率は25.42%なのに対し、MS法人単独の実効税率は27.13%とMS法人のほうが1.71%高くなっています。

これは、医療法人は社会保険診療に係る所得に対する法人事業税が非課税になる特例があるからです。法人事業税はそれほど税率が高くないのでまだ許容範囲といえなくもないですが、MS法人を活用するとほぼ確実に消費税の分だけ税金が増えてしまいます。

もっとも増税となってしまうのが医療法人で、直接雇用していた受付や事務等の従業員をMS法人に転籍させて、医療法人からMS法人に事務委託費等の名目で委託費を支払うパターンです。

例えば、もともと医療法人で直接雇用していた受付や事務等の従業員の給与が年間3,000万円で、これらの従業員をMS法人に転籍させて年間5,000万円（税別）の事務委託費を医療法人からMS法人に支払うとします。医療法人からMS法人に支払う事務委託費は消費税課税取引なので、年間5,000万円×10%＝500万円が課税売上げに係る消費税額となります。

これに対し、MS法人が負担する人件費3,000万円は消費税が課税されない不課税取引なので課税仕入れ等に係る消費税額はありません。消費税は、課税売上げに係る消費税額から、課税仕入れ等に係る消費税額を控除して計算するので、MS法人は下記の算式で計算した500万円を納税しなければなりませんが、医療法人で受付や事務等の従業員を直接雇用したままだったら消費税の納税は０円です。

課税売上げに係る消費税額500万円－課税仕入れ等に係る消費税額０円＝消費税納税額500万円

このように医療法人で直接雇用していた従業員を転籍させて行う事務委託等の取引がもっとも消費税が高くなりますが、多くの税理士がいまだにこのような取引を病医院に提案しているようです。

なお、自由診療収入のみのクリニック等では、MS法人を活用することで節税になるケースもあるので、必ずしもMS法人を活用すると増税になるわけではありません。

(2) MS法人で行えない業務を委託している

医療法第15条の２で、「政令で定めるものを委託しようとするときは、当該病院、診療所又は助産所の業務の種類に応じ、当該業務を適正に行う能力のある者として厚生労働省令で定める基準に適合するものに委託しなければならない」と規定されています。

そして政令で定めるものを医療法施行令第４条の７で次のように規定しています。

◆医療法施行令４条の７（診療等に著しい影響を与える業務）

法第十五条の二に規定する政令で定める業務は、次のとおりとする。 一　人体から排出され、又は採取された検体の微生物学的検査、血清学的検査、血液学的検査、病理学的検査、寄生虫学的検査又は生化学的検査の業務 二　医療機器又は医学的処置若しくは手術の用に供する衣類そ

の他の繊維製品の滅菌又は消毒の業務
三　病院における患者、妊婦、産婦又はじよく婦の食事の提供の業務
四　患者、妊婦、産婦又はじよく婦の病院、診療所又は助産所相互間の搬送の業務及びその他の搬送の業務で重篤な患者について医師又は歯科医師を同乗させて行うもの
五　厚生労働省令で定める医療機器の保守点検の業務
六　医療の用に供するガスの供給設備の保守点検の業務（高圧ガス保安法（昭和二十六年法律第二百四号）の規定により高圧ガスを製造又は消費する者が自ら行わなければならないものを除く。）
七　患者、妊婦、産婦若しくはじよく婦の寝具又はこれらの者に貸与する衣類の洗濯の業務
八　医師若しくは歯科医師の診療若しくは助産師の業務の用に供する施設又は患者の入院の用に供する施設の清掃の業務

さらに業者の選定基準について、「病院、診療所等の業務委託について」（平成5年2月15日指第14号）という通知で詳しく定められています。

つまり病医院は、検体検査、滅菌消毒、患者等の食事、患者等の搬送、医療機器の保守点検、医療の用に供するガスの供給設備の保守点検、患者等の寝具類の洗濯、清掃について業務委託するときは、通知に定められた選定基準を満たした業者に委託しなければなりません。保健所による病医院への立入検査で、これらの業務を適正な業者に委託していない場合は、是正を求められることもあります。

それなのにMS法人に給食、クリーニング、清掃等を委託している病医院をよく見かけます。そのような病医院にどうして法令に反した業務をMS法人に委託しているのか聞くと、ほぼ確実に税理士の指示だと言います。

(3) 関係事業者との取引の状況に関する報告書

医療法人は、平成 29 年 4 月 2 日以降に開始する会計年度から毎年都道府県に対して提出義務がある決算届（事業報告書）に、関係事業者との取引の状況に関する報告書が追加されています。

関係事業者とは、医療法人と取引を行う下記の者をいいます。

> ① 当該医療法人の役員またはその近親者（配偶者または二親等内の親族）
> ② 当該医療法人の役員またはその近親者が代表者である法人
> ③ 当該医療法人の役員またはその近親者が株主総会、社員総会、評議員会、取締役会、理事会の議決権の過半数を占めている法人
> ④ 他の法人の役員が当該医療法人の社員総会、評議員会、理事会の議決権の過半数を占めている場合の他の法人
> ⑤ ③の法人の役員が他の法人（当該医療法人を除く。）の株主総会、社員総会、評議員会、取締役会、理事会の議決権の過半数を占めている場合の他の法人

上記の関係事業者と行う下記の取引が報告の対象となります。

> ① 事業収益または事業費用の額が、1,000 万円以上であり、かつ当該医療法人の当該会計年度における事業収益の総額（本来業務事業収益、附帯業務事業収益および収益業務事業収益の総額）または事業費用の総額（本来業務事業費用、附帯業務事業費用および収益業務事業費用の総額）の 10 パーセント以上を占める取引
> ② 事業外収益または事業外費用の額が、1,000 万円以上であり、かつ当該医療法人の当該会計年度における事業外収益または事業外費用の総額の 10 パーセント以上を占める取引

③ 特別利益または特別損失の額が、1,000万円以上である取引
④ 資産または負債の総額が、当該医療法人の当該会計年度の末日における総資産の1パーセント以上を占め、かつ1,000万円を超える残高になる取引
⑤ 資金貸借、有形固定資産および有価証券の売買その他の取引の総額が、1,000万円以上であり、かつ当該医療法人の当該会計年度の末日における総資産の1パーセント以上を占める取引
⑥ 事業の譲受または譲渡の場合、資産または負債の総額のいずれか大きい額が、1,000万円以上であり、かつ当該医療法人の当該会計年度の末日における総資産の1パーセント以上を占める取引

わかりやすく説明すると、同族関係者またはMS法人と行う1,000万円以上、かつ、事業費用の総額の10%以上の取引が報告の対象となります。

例えば、事業費用の総額が9,000万円の医療法人であれば1,000万円以上の取引が報告の対象となり、事業費用の総額が2億円の医療法人であれば2,000万円以上の取引が報告の対象となります。

報告の対象となる取引がある場合は、関係事業者の名称、所在地、直近の会計期末における総資産額、事業内容、取引の内容、取引金額などを報告しなければなりません。

図表２－７　関係事業者との取引の状況に関する報告書

法人名＿＿＿＿＿＿＿＿＿＿＿＿＿＿＿＿＿

所在地＿＿＿＿＿＿＿＿＿＿＿＿＿＿＿＿＿

※医療法人整理番号					

関係事業者との取引の状況に関する報告書

（１）法人である関係事業者

種類	名称	所在地	総資産額（千円）	事業の内容	関係事業者との関係	取引の内容	取引金額（千円）	科目	期末残高（千円）

（取引条件及び取引条件の決定方針等）

（２）個人である関係事業者

種類	氏名	職業	関係事業者との関係	取引の内容	取引金額（千円）	科目	期末残高（千円）

（取引条件及び取引条件の決定方針等）

（厚生労働省）

この報告書を提出すると、都道府県から非営利性を損なっていないかどうか確認するための委託金額の根拠や、MS法人に委託しなければならない理由等の提出を求められることがあります。

不動産賃貸借取引であれば、参考物件との１平方メートルあたりの単価を比較した近傍類似値の資料を提出すればよいので、提出を求められても簡単に対応できますが、委託契約の場合は近傍類似値がないことが多く、対応に苦慮しているケースが多いようです。

問題は、MS法人との取引が1,000万円以上、かつ、事業費用の総額の10％以上の場合は報告書に記載する義務があることと、都道府県がMS法人との取引について細かくチェックする可能性があることがわかっているのに、よく考えず漠然と病医院とMS法人の取引額を決めてしまう税理士が多い点です。

報告書に委託取引を記載してしまい、都道府県から委託金額の根拠やMS法人に委託した理由を聞かれて困ったという相談をよく受けますが、そもそも報告書にMS法人との取引について記載するときは、あらかじめ都道府県から何を聞かれても対応できるように準備しておく必要があります。

ちなみに私は、原則として不動産賃貸借取引以外は報告書に記載しません。MS法人との委託契約は、給与計算事務委託契約、経理事務委託契約、経営コンサルタント契約等と業務ごとに細かく分けて契約しているからです。

こうすることで各取引は1,000万円以上、かつ、事業費用の総額の10%以上の取引に該当しなくなります。このような配慮をするのは当然だと思います。

3 医療法人と株式会社の違いをきちんと理解しているか

（1）医療法人の出資持分を株式と勘違いしている

医療法人は医療法の規定により作られた法人であり、会社法の規定により作られた会社ではありません。しかし、医療法人をまるで株式会社と勘違いしている税理士をよく見かけます。

例えば、平成19年4月以前に設立された出資持分のある医療法人には出資金がありますが、この出資金を株式と間違える税理士がかなりいます。

法人税は国税庁が定めた別表という様式を使って申告しますが、医療法人は法人税法上の同族会社には該当しないので、別表二「同族会社等の判定に関する明細書」は不要です。申告書を作成するソフトによっては、医療法人だと別表二が作成できないものもあるそうです。

しかし、医療法人の法人税申告書なのに別表二を作成している税理士は本当に多いです。

しかも別表二を作成している時点で間違っているのに、さらに**図表2－8**のように議決権の数を間違っているものを見たことがあります。

図表2－8　間違った別表二の記載例

判定基準となる株主等の株式数等の明細								
順位		判定基準となる株主（社員）及び同族関係者		判定基準となる株主等との続柄	株式数又は出資の金額等			
					被支配会社でない法人株主等		その他の株主等	
株式数等	議決権数	住所又は所在地	氏名又は法人名		株式数又は出資の金額	議決権の数	株式数又は出資の金額	議決権の数
					19	20	21	22
1	1	東京都新宿区新宿1-1-1	新宿太郎	本人			5,000,000	5,000,000
〃	〃	東京都新宿区新宿1-1-1	新宿花子	配偶者			3,000,000	3,000,000

医療法人は医療法第46条の3の3で「社員は、各一個の議決権を有する。」と定められているので、社員1人につき1個の議決権しかありません。出資持分は議決権には一切無関係です。

したがって、別表二を作成するとしても議決権の数はその出資者が社員であれば「1」に、その出資者が社員でなければ「0」となります。

上記のように出資金500万円、議決権の数500万口というのは絶対にあり得ません。

また、このような別表二を作成している税理士は医療法人の出資持分を××株としている場合が多いですが、出資持分は株式ではないので××口と数えるのが正しいです。

厚生労働省も医療法人の出資持分を口数としています。例えば、医療法の一部を改正する法律の施行について」(昭和25年8月9日)という通知には、「社団たる医療法人にあつては資産の総額を定め、これを均一の金額の口数に分つようにしてもよく、別段口数を定めなくとも差し支えないが、前者の場合には出資口数の引受受託書としても差し支えないこと。」と書かれています。

(2) みなし役員や使用人兼務役員について誤解している

前述したように医療法人は医療法の規定により作られた法人であり、会社法の規定により作られた会社ではないので、法人税法のみなし役員の規定は適用されません。

法人税法では下記のいずれかに該当する者は役員とみなされ、役員給与の損金不算入の規定等が適用されます。このように役員とみなされる者を「みなし役員」といいます。

1. 法人の取締役、執行役、会計参与、監査役、理事、監事及び清算人

2. 法人の使用人（職制上使用人としての地位のみを有する者に限る）以外の者でその法人の経営に従事しているもの
3. 同族会社の使用人のうち、下記の要件をすべて満たす者で、その会社の経営に従事しているもの

しかし、上記3. のように書き出しが「同族会社の…」や「同族会社が…」で始まる規定は医療法人には適用されません。医療法人は会社ではないからです。

したがって、医療法人の経営に従事していると認められる者以外であれば、配偶者や子どもであってもみなし役員には該当せず、使用人として給与を支払うことができます。

役員（理事・監事）でもなく、経営にも参画していない親族をみなし役員に該当すると勘違いして定期同額給与しか支払わず、期中の給与の増減はできないとアドバイスしている税理士がいるようですが、完全に間違いです。

これと似たようなものに、使用人兼務役員というものがあります。

使用人兼務役員とは、役員のうち部長、課長、その他法人の使用人としての職制上の地位を有し、かつ、常時使用人としての職務に従事する者をいいますが、下記の役員は使用人兼務役員にはなれません。

1. 代表取締役、代表執行役、代表理事および清算人
2. 副社長、専務、常務その他これらに準ずる職制上の地位を有する役員
3. 合名会社、合資会社および合同会社の業務執行社員
4. 取締役（委員会設置会社の取締役に限る）、会計参与および監査役ならびに監事
5. 上記1. から4. までのほか、同族会社の役員のうち所有割合によって判定した結果、次のすべての要件を満たす役員

（要件は省略）

これもみなし役員の規定と同じで、上記5. の規定は医療法人には適用されないので、医療法人の場合は上記1.～4. の要件に該当しなれば理事であっても使用人兼務役員になれます。

使用人兼務役員になるかどうかが問題になるのは、分院の院長（管理者）が多いです。というのも、院長（管理者）は医療法第46条の5第6項の規定により理事に加えなければならないからです。理事なので分院の院長に成果給や賞与を支払えないと勘違いしている税理士もいるようですが、院長であっても勤務医として常時従事しているのであれば、使用人兼務役員に該当するので成果給や賞与を支払うことは可能です。

これは理事長の子どもが院長であっても同様です。

理事長の子どもだと上記5. の同族会社の親族要件に該当すると勘違いする税理士がいます。税務職員ですら間違っていたこともあります。

しかし、理事長の子どもであっても副理事などの肩書きがなく、勤務医として常時従事しているのであれば、使用人兼務役員に該当するので成果給や賞与を支払うことは可能です。

(3) 議事録の記載が間違っている

社員総会議事録の冒頭部分を、下記のように記載したものをたまに見かけます。

社員総会議事録

令和○年○月○日午前○時より、当会社の本店において社員総会を開催した。

当会社社員総数　3名

発行済出資総数	15,000,000円
出席社員数（委任状による者を含む）	3名
出席者の出資総数	15,000,000円

これは完全に株式会社の株主総会議事録と勘違いしています。医療法人の社員総会議事録には社員の人数だけ記載すればよく、出資金額の記載は不要です。

【参考　法務局の商業・法人登記の申請書様式を参考にした株式会社の株主総会議事録の冒頭部分】

株主総会議事録

令和○年○月○日午前○時○分から、当会社の本店において株主総会を開催した。

株主の総数 ○○名

発行済株式の総数 ○○○○株

議決権を行使することができる株主の数 ○○名

議決権を行使することができる株主の議決権の数 ○○○○個

出席株主数（委任状による者を含む。）○○名

出席株主の議決権の数 ○○○○個

【参考　法務局の商業・法人登記の申請書様式を参考にした医療法人の社員総会議事録の冒頭部分】

社員総会議事録

1. 招集年月日　令和○○年○○月○○日

1. 開催場所

1. 開催日時　令和〇〇年〇〇月〇〇日午前〇〇時
1. 社員数　〇〇名
1. 出席社員数　〇〇名

次に、下記のような記載も本当によく見かけます。

上記のとおり出席があったので定款の規定により理事長×××は議長席につき、開会を宣し直ちに議事に入った。

医療法人は医療法第46条の3の5の規定により、社員総会の議長は社員総会において選任することになっています。したがって、社員総会の議長は理事長と決まっていません。これも完全に株式会社と勘違いしています。

たかが別表の記載を間違っただけ、みなし役員や使用人兼務役員の範囲を間違っただけ、議事録の記載を間違っただけと思う方もいるかもしれませんが、基本的なことすら間違っている者が医療業界に精通しているとは思えないですし、行政機関の不当と思われる指導から病医院を守ってくれるとも思えません。

基本ができたうえで、はじめて応用した対応ができるのではないでしょうか。

4 社員と理事の違いをきちんと理解しているか

（1）社員総会に役員の選任・解任の権限がある

「理事長が法人の支配権を持っている」「理事長が法人のオーナーである」「理事長がすべての権限を持っている」「理事長が医療法人を解散する権限を持っている」などと言う税理士がいるようですが、これらはすべて間違っています。

医療法人や一般社団法人の最高議決機関は、社員総会です。例えば、厚生労働省の社団医療法人定款例には、次の事項は社員総会の議決を経なければならないと定めています。

なお、本項（1）から（5）の途中まで社団医療法人を前提として説明します。医療法人と一般社団法人の詳しい違いについては、『非営利型一般社団法人による 診療所開設ハンドブック』（一般社団法人医業経営研鑽会編集・日本法令）で詳しく解説しています。

【厚生労働省の社団医療法人定款例より抜粋】

第19条 次の事項は、社員総会の議決を経なければならない。
(1) 定款の変更
(2) 基本財産の設定及び処分（担保提供を含む。）
(3) 毎事業年度の事業計画の決定又は変更
(4) 収支予算及び決算の決定又は変更
(5) 重要な資産の処分
(6) 借入金額の最高限度の決定
(7) 社員の入社及び除名
(8) 本社団の解散
(9) 他の医療法人との合併若しくは分割に係る契約の締結又は

分割計画の決定

このように医療法人を解散する権利は、理事長ではなく社員総会にあります。

さらに、医療法第46条の5第2項で「社団たる医療法人の役員は、社員総会の決議によって選任する。」と、第46条の5の2で「社団たる医療法人の役員は、いつでも、社員総会の決議によって解任することができる。」と定められており、社員総会が役員を選任する権利と解任する権利を持っています。

理事長は理事会によって理事の中から選出するので、理事でなければなりません。ですから、理事長より役員（理事および監事）を選任・解任できる権利がある社員総会のほうが強い権限を持っているといえます。

医療法人の機関体系を表すと下図のようになります。

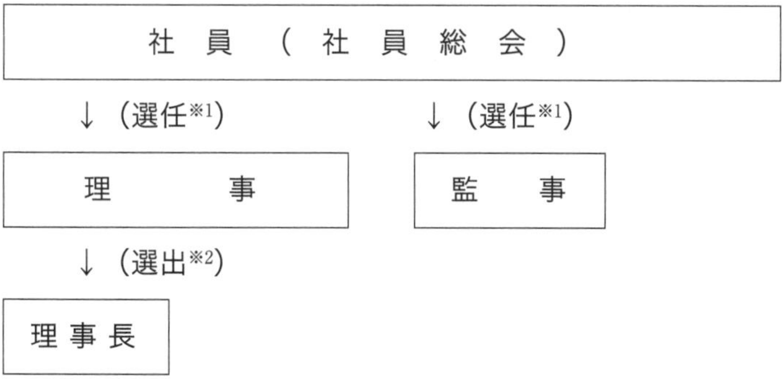

※1　社員が役員（理事および監事）を選任します。役員は2年で任期満了になるため、その都度選任し直します。

※2　理事長は理事の中から1人を選びます。理事長は医療法人の代表権を持ちますが、他の理事と同じく任期は2年です。

つまり、医療法人のいわゆる所有者は社員で、最高議決機関は社員総会です。理事長は社員総会から２年間の医療法人の経営を委任された者であり、２年間限定の経営者と言って差し支えないと思います。

(2) 医療法人の支配権は社員が持っている

理事長がずっと経営者であり続けるためには、社員総会における支配権を確保し続ける必要があります。

しかし、医療法人は定款の規定により、社員１名が１個の議決権を持っています。その社員が出資をしているかどうかは関係ありませんし、どんなに多額の出資をしていても社員１名は１個の議決権しかありません。

例えば、社員が５名の医療法人では、議決権は全部で５個です。過半数とは全体の半数を超える数なので、３個以上の議決権を確保していれば支配権を持っていることになります。

理事長１名だけでは絶対に支配権を確保することはできません。ここが株式会社との圧倒的な違いです。株式会社は代表取締役１名で過半数以上の株式を保有していればその会社の支配権を確保することができるので、過半数以上の株式を保有している代表取締役が会社のオーナーと言って間違いではありません。

そのため、医療法人では支配権を確保するために、結びつきが強く信頼できる親族を社員にするのが一般的です。

このように、「理事長が法人の支配権を持っている」「理事長が法人のオーナーである」は完全に間違いです。もしこのように話す者がいたら、医療法人と株式会社の違いを全く理解していないと考えて差し支えありません。

(3) 社員の定数

医療法人の社員の定数は法令では定められていませんが、厚生労働省の社団医療法人定款例には、「社員は3名以上置くことが望ましい」と書かれており、多くの都道府県等では社員を3名以上とすることを求めています。ただし、神奈川県のように、原則として4名以上必要としているところもあります。

3名以上と4名以上の違いは、社員総会における過半数の考え方が違うからです。医療法人は医療法の規定により、「議長は、社員として議決に加わることができない。」ので、多数決を取るには最低でも議長以外に2名の社員が必要です。この考え方だと社員は3名以上となります。

ただ議長以外に2名の社員しかいないと、過半数を得るには全員賛成しかあり得ません。医療法の規定により、可否同数の時は議長が決するとなっているので最初の決議で可否同数でも問題はありませんが、もし議長以外の社員が3名であれば最初の決議で過半数を得ることができます。この考え方だと社員は4名以上となります。

(4) 社員の構成員は支配権に関係するのでとても重要

社員は「医療法人運営管理指導要綱」に、「未成年者でも、自分の意思で議決権が行使できる程度の弁別能力を有していれば(義務教育終了程度の者)社員となることができる」と書かれているように、特に資格や出資要件はなく、高卒以上の者で社員総会の承認さえあれば誰でもなれます。

しかし、医療法人の支配権を確実にするために、社員の構成員は慎重に選ぶことをお勧めします。というのも、医療法人の乗っ取りは社員の数で決まるからです。

以前に4つの診療所を開設している医療法人の相談に応じたこと

がありますが、この医療法人は４つの診療所の管理者全員を社員にしていました。その医療法人の定款に「理事及び監事は、社員総会においてこの法人の社員のうちから選任する。ただし、必要があるときは、社員以外の者から選任することを妨げない」という規定があったので聞いてみると、税理士から理事はすべて社員にしなければならないと説明を受けていたそうです。しかし、ただし書きにより社員以外の者から理事を選任することは可能です。

ちなみに、最近の厚生労働省の定款例には上記のような規定がありません。以前の定款例にはありましたが、不必要なので削除したようです。

ところで、その医療法人ですが、４つの診療所の管理者全員を社員にしていたので、社員総会における理事長および理事長の親族の議決権は過半数にすら達していませんでした。これではいつ医療法人を乗っ取られても不思議ではなく、社員の重要性を全く理解していない典型的な例といえます。

また、医療法人の相続対策として、子ども全員に均等に出資持分を贈与するとともに子ども全員を社員にするケースを見かけますが、これもあまりお勧めできません。出資持分を贈与するのは構いませんが、子ども全員を社員にすると後々のトラブルの種となるからです。

後々のトラブルとは、支配権の問題だけではありません。出資持分払戻請求の問題もあります。

平成19年３月以前に設立された出資持分のある医療法人の定款には、「社員資格を喪失した者は、その払込済出資額に応じて払戻しを請求することができる」という規定があるので出資持分払戻請求権があります。

このため最近は、理事長が亡くなった時に出資持分権の相続ではなく、出資持分払戻請求権を相続したと主張する相続人が増えています。また、後継者と決まっている社員以外が社員を退社して医療法人に対して出資持分払戻請求をする事例も増えています。

税理士はどうしても税務と会計のプロなので相続税対策として子ども全員への出資持分の生前贈与を提案しがちですが、せめて後継者と決まっている子ども以外は社員にしない等の最低限の対策はすべきだと思います。

出資持分払戻請求は社員資格を喪失した者でなければできないので、社員でない子どもは、たとえ出資持分を持っていたとしても出資持分払戻請求をすることはできません。

(5) 理事は支配権には一切関係ない

医療法人の理事の定数は、医療法の規定により3名以上と決まっています。

社会医療法人と特定医療法人以外の医療法人には、親族等の占める割合が理事総数の3分の1を超えないことという同族要件はありません。

しかし、一般社団法人で保健所に対して診療所開設許可申請をする場合、一般社団法人は非営利型でなければなりませんが、非営利型の要件の1つに、「各理事（清算人を含みます。以下同じです。）について、その理事及びその理事の配偶者又は3親等以内の親族その他のその理事と一定の特殊の関係のある者である理事の合計数の理事の総数のうちに占める割合が、3分の1以下であること。」という同族要件があります。

このため、非営利型の一般社団法人でクリニックを開設すると支配権の問題が生じる可能性があると説明する者がいるようですが、これも完全に間違いです。

一般社団法人も医療法人と同様に、支配権は社員が持っています。また役員（理事および監事）の選任と解任の権利も社員総会にあります。

理事会を設置している一般社団法人では、理事会において理事の中から代表理事を選定するので理事の人選も大切ではありますが、支配権には一切関係ないうえに社員総会は理事を解任する権利があるので、それほど同族要件を気にすることはないと思います。

なお、一般社団法人の社員には同族要件はないので、社員と理事の違いをきちんと理解している者であれば、非営利型の一般社団法人でクリニックを開設しても支配権に問題が生じる可能性があるとは絶対に言わないはずです。

5 「医療法人を解散したら国等に財産を持っていかれる」と言われていないか

(1) そもそもは平成18年の第5次医療法改正のドタバタが原因

平成18年12月に改正医療法が公布された第5次医療法改正において、平成19年4月以降は出資持分のない医療法人しか設立できなくなりました。そのため当時は「これが最後のチャンス」とか、「今後は国又は地方公共団体に財産を持っていかれる」というキャッチフレーズを使い、平成19年3月までに出資持分のある医療法人を設立することを呼びかけるセミナー等が頻繁に開催されていました。

まるでバーゲンセールのような騒ぎでしたが、実際に平成19年3月までに駆け込みで多くの出資持分のある医療法人が設立されました。中にはクリニックを開設する予定がないのに、強引に医療法人だけを設立したケースもあると聞いていますが、これもすべて「これが最後のチャンス」や「今後は国や地方公共団体に財産を持っていかれる」というキャッチフレーズに煽られた結果だと思います。

問題はキャッチフレーズが正しいかどうかです。

まず、「これが最後のチャンス」ですが、確かに平成19年4月以降は出資持分のない医療法人しか設立できないので、出資持分のある医療法人を設立できる最後のチャンスというのは正しいと言えます。

ただし、「今後は国又は地方公共団体に財産を持っていかれる」は、私は当時から理論的にはあり得ても実務的にはあり得ないので、駆け込みで医療法人を設立させて多額の手数料で儲けたい業者が、過剰に不安を煽るために使った偽情報（いわゆるガセネタ）のキャッチフレーズだと言い続けています。

しかし、このように言っていたのは私くらいなので、完全にマイノリティーな主張であり、多くの病医院経営者や税理士が偽情報を信じてしまい、いまだに「国又は地方公共団体に財産を持っていかれる」と勘違いしている方が大勢いるのが現状です。

(2) 医療法を正しく理解すれば正しくない情報だとわかる

医療法人を設立しようとする者は、医療法第44条第２項の規定によって定款または寄附行為に、少なくとも次に掲げる事項を定めなければなりません。

一　目的
二　名称
三　その開設しようとする病院、診療所、介護老人保健施設又は介護医療院の名称及び開設場所
四　事務所の所在地
五　資産及び会計に関する規定
六　役員に関する規定
七　理事会に関する規定
八　社団たる医療法人にあつては、社員総会及び社員たる資格の得喪に関する規定
九　財団たる医療法人にあつては、評議員会及び評議員に関する規定
十　解散に関する規定
十一　定款又は寄附行為の変更に関する規定
十二　公告の方法

上記の「十　解散に関する規定」に掲げる事項中に、残余財産の帰属すべき者に関する規定を設ける場合には、その者は、国もしくは地方公共団体または医療法人その他の医療を提供する者であって厚生労働省令で定めるもののうちから選定されるようにしなければなりません（医療法第44条第5項）。

この規定のうち「残余財産の帰属すべき者に関する規定を設ける場合には」と「国若しくは地方公共団体」という文字だけを切り取って作ったキャッチフレーズが、「国又は地方公共団体に財産を持っていかれる」です。

しかし、医療法第44条第5項の規定には、「国若しくは地方公共団体」だけでなく「医療法人その他の医療を提供する者であって厚生労働省令で定めるもののうち」と定められています。

そして厚生労働省令で定めるものは、医療法施行規則第31条の2に下記のように定められています。

◆医療法施行規則第31条の2

（残余財産の帰属すべき者となることができる者）
第31条の2　法第四十四条第五項に規定する厚生労働省令で定めるものは、次のとおりとする。
一　公的医療機関の開設者又はこれに準ずる者として厚生労働大臣が認めるもの
二　財団である医療法人又は社団である医療法人であつて持分の定めのないもの

このように医療法人が解散して残余財産があったとしても「国若しくは地方公共団体」に必ずしも帰属させる必要はなく、出資持分のない医療法人に帰属させることができることが法令に明記されています。

ですから私は、理論的にはあり得ても実務的にはあり得ないとずっと言い続けています。

(3) 残余財産とは

そもそも残余財産とは何かを説明します。

医療法人が解散してすぐに残余財産が決定するわけではありません。医療法第56条の2に、「解散した医療法人は、清算の目的の範囲内において、その清算の結了に至るまではなお存続するものとみなす。」と定められているように、医療法人は解散するとまず清算法人となります。そして清算人が清算法人の現務の結了、債権の取立ておよび債務の弁済、残余財産の引渡しを行うことになります。

現務の結了とは、医療法人解散時にまだ終わっていない業務を終了させることをいいます。例えば、所有している医療機器等の資産や医薬品等の在庫の処分等をしたり、医療法人が締結している契約の履行等を行います。

債権の取立ておよび債務の弁済とは、例えば未収になっている治療費の回収をしたり、買掛金や借入金等の債務を返済することをいいます。

この現務の結了と債権の取立ておよび債務の弁済が終わった後の財産を残余財産といいます。

なお、清算人は残余財産をいつまでに確定させなければならないという決まりはありません。中には財産の処分が思うように行えず、何年間も清算法人のままでずっと残余財産が確定できない場合もあります。

(4) 解散時の実務上の対応

医療法を正しく理解し、残余財産とは何のことかを理解すれば、「国又は地方公共団体に財産を持っていかれる」は正しくない情報だとわかっていただけると思いますが、それでも不安に感じる病医院経営者は多いので、解散時の実務上の対応について少し説明します。

まず解散する医療法人の多くは、赤字で債務超過のところです。このような医療法人はそもそも残余財産がないので、「国又は地方公共団体に財産を持っていかれる」心配はありません。

次に黒字で資産がある医療法人は、ほぼ間違いなく解散しません。後継者がいない場合は、M＆Aで売却するのが一般的だからです。それでも黒字で資産がある医療法人がM＆Aでの売却を選択せずに解散するケースはあり得ます。この場合、まずは解散時に理事長等に対して退職金を支払うのが一般的です。例えば、資産が2億円ある医療法人が、解散時に理事長等に退職金を2億円支払えば資産がなくなるので残余財産はありません。

解散時に支払う可能性があるのは、退職金だけではありません。現務の結了には医療法人が締結している契約の履行もあると述べましたが、契約解除に伴い違約金が発生するものがあります。例えば、建物賃貸借契約を中途解約する場合には、残存期間の賃料に相当する金額を違約金として支払う条項があったりします。このような違約金の条項は、MS法人との取引でも当然あり得ます。

このように、黒字で資産がある医療法人を解散する場合でも、退職金や違約金を支払うことで残余財産を限りなく0（ゼロ）にすることは可能です。

さらに、退職金や違約金を支払ってもなお資産が残ってしまう場合でも、現務の結了と債権の取立ておよび債務の弁済が終わるまで清算人に報酬を支払い続けることで、残余財産をなくす方法もあります。

前述したように、清算人は残余財産をいつまでに確定させなければならないという決まりはありません。所有する医療機器等の資産を希望する価格で買い取ってくれる相手がなかなか見つからないなど、現務の結了が進まなかったり、未収金の回収が困難な元患者がいる等債権の取立てが思うように進まずに、何年間も残余財産が確定できなかったりということは十分にあり得ます。

それでも残余財産が残ってしまう場合は、最後の奥の手として出資持分のない医療法人に残余財産を帰属させる方法があります。解散した医療法人の経営者の親族が出資持分のない医療法人を持っていればベストですが、持っていなくても最適と思われる方法で他の出資持分のない医療法人に帰属させればよいだけの話です。

つまり、「国または地方公共団体に財産を持っていかれる」は理論上でしかあり得ず、実務上は余程下手な対応をしない限りあり得ません。

実際に平成19年4月から既に15年以上経っていますが、いまだに解散して国または地方公共団体に残余財産を帰属することになった事例を私は聞いたことがありません。もしかすると私が知らないだけで、国または地方公共団体に残余財産を帰属した事例はあるかもしれませんが、それは医療法人の意思で残余財産を国または地方公共団体に帰属させたか、顧問税理士の対応が余程下手だったかのいずれかしか考えられないので、「国または地方公共団体に財産を持っていかれる」というキャッチフレーズを信じないようにしてください。

6 「研修医は副業（アルバイト）禁止」と言われていないか

(1) 研修医は診療のアルバイトが禁止されている

病医院経営者の子どもが研修医になると、税理士からアルバイトは禁止なので医療法人やMS法人から役員報酬は支払えないと言われたという話をたまに聞きますが、これは間違いです。

厚生労働省のウェブサイトに医師臨床研修に関するQ＆A（研修医編）というページがありますが、そこには下記のように書かれています。

質　問	回　答
研修期間中に診療のアルバイトをしてもよいのですか。	医師法第16条の2では、「診療に従事しようとする医師は、臨床研修を受けなければならない。」、同法第16条の3で、「臨床研修を受けている医師は、臨床研修に専念し、その資質の向上を図るように努めなければならない。」と規定されています。また、臨床研修に関する省令において、「臨床研修病院は、届け出た研修プログラム以外の研修プログラムに基づいて臨床研修を行ってはならない」と規定されています。 　したがって、研修期間中に診療のアルバイトをすることはできません。

上記には“アルバイト禁止”とは書かれておらず、“診療のアルバイトが禁止”と書かれています。既にもう結論が出ていますが、もう少し詳しく説明します。

なお、上記に医師法第16条の3と書かれている条文は、現在は医師法第16条の5になっています。医師法の一部が改正されていますが、厚生労働省がウェブサイトの更新をしていないだけです。

◆医師法第16条の5

臨床研修を受けている医師は、臨床研修に専念し、その資質の向上を図るように努めなければならない。

さらに厚生労働省から、「医師法第16条の2第1項に規定する臨床研修に関する省令の施行について」という通知が出されており、そこには「臨床研修病院は、臨床研修病院の指定申請の際に提出し、又は研修プログラムの変更若しくは新設の届出を行った研修プログラム以外の研修プログラムに基づいて臨床研修を行ってはならないこと。」と書かれています。ちなみに、「歯科医師法第十六条の二第一項に規定する臨床研修に関する省令」という通知も出ているので、臨床研修については医師も歯科医師も同じ扱いです。

つまり研修医は、“臨床研修に専念すること”と“研修プログラムで定められている医療機関以外で診療をしないこと”を遵守しなければなりません。

ですから非常勤であれば、医療法人やMS法人から役員報酬を支払っても問題はありません。

ただし、医療法人から非常勤の役員報酬を支払うと診療のアルバイトをしていると勘違いされるおそれはあると思うので、私は念のために病医院経営者にどうするか確認するようにしています。

また、臨床研修病院が国公立病院の場合は、副業が禁止されている場合もあり得ます。副業については後述します。

(2) 前期研修と後期研修

研修には前期研修と後期研修がありますが、医療業界に詳しくない税理士だとどちらも研修なので、後期研修であってもアルバイト禁止と勘違いしている場合があるようですが、“診療のアルバイトが禁止”されているのは前期研修のみです。

前期研修とは、上記（1）で説明した医師法第16条の2に基づき行われる臨床研修のことをいいます。臨床研修の期間は医師は2年、歯科医師は1年です。この臨床研修が終了すると臨床研修修了登録証がもらえます。臨床研修終了登録証があればクリニックを個人開設することができますし、医療機関の管理者になることもできます。つまり、法的には一人前のドクターとして認められたことになります。そして一般的には、前期研修の期間中のドクターのことを研修医といいます。

これに対し後期研修とは、専門医の資格を取得するために大学病院等の専門研修プログラムで学ぶ3年目以降の研修のことをいいます。医局に所属する（入る）ともいいます。

前期研修は義務なのに対し、後期研修は任意なので、最近は後期研修を受けない（医局に所属しない）ドクターも増えています。美容クリニックで勤務するドクターにはこの傾向がよく見られるようです。

前述したように後期研修は任意なので、当然ですが診療のアルバイトは禁止されていません。むしろ後期研修では、当直のアルバイト等をして生活費を稼ぐのが当たり前だといえます。

(3) 国公立病院に勤めた場合の副業禁止について

病医院経営者の子どもが研修期間中であればアルバイトは禁止なので医療法人やMS法人から役員報酬は支払えないが、研修期間が終わったら支払っても構わないとアドバイスする税理士がいるようですが、私は研修期間中か研修期間が終わった後というよりも、勤務先が国公立病院かどうかにより医療法人やMS法人から役員報酬を支払うかどうかのアドバイスを変えています。

理由は、副業が禁止されている可能性があるからです。

国公立病院に勤務するドクターは公務員に該当するので、原則として副業が禁止されています。ただしドクターは副業が認められる場合も多いので、病医院経営者の子どもが勤務した国公立病院に、副業について事前に確認する必要があります。

国公立病院とひと口にいっても、独立行政法人国立病院機構のように就業規則で副業が禁止されているケースもあり、副業についてはケースバイケースとしかいいようがありませんが、副業が禁止されている国公立病院は実際にあるので、医療法人やMS法人から役員報酬を支払うのは慎重に検討されることをお勧めします。

また、前期研修を民間病院ではなく国公立病院で受ける場合は、公務員として副業が禁止されている可能性があります。

例えば、公立病院だと研修医の身分は会計年度任用職員となるようです。会計年度任用職員は身分としては公務員ですが、給料が少ないうえに臨時・非常勤・期間雇用職員のような微妙な立場なため、そもそも副業が認められている場合もあるそうです。

上記（1）で研修医に対して非常勤であれば医療法人やMS法人から役員報酬を支払っても問題はないと述べましたが、臨床研修病院が国公立病院で副業が禁止されているかどうかあいまいな場合は、医療法人やMS法人から役員報酬を支払うのは慎重に検討したほうがよいかもしれません。

もっとも私の経験では、今まで研修医は公務員に該当するので副業は認められないと問題になったケースはありません。

7 福利厚生費や研修費について不適切な処理をしていないか

（1）従業員の保険診療の一部負担金の免除額を福利厚生費にしていないか

従業員（役員も含む。以下、本項において同じ）の保険診療の一部負担金について治療費減免規定等を設け、その規定に基づいて免除（減免ともいう）した保険診療の一部負担金を福利厚生費として処理している税理士は多いですが、税務上だけであれば問題ありません。

しかし、地方厚生局による個別指導では、従業員の保険診療の一部負担金を免除することは、保険医療機関及び保険医療養担当規則（以下、「療養担当規則」という）に違反していると指導されることがあります。療養担当規則第５条を要約すると、「保険医療機関は一部負担金の支払を受けるものとする。」となります。「受けることができる」ではなく「受けるものとする」と義務規定になっているので、従業員の保険診療の一部負担金を免除すると、一部負担金を徴収したことにならず、療養担当規則に違反していると指導されるのです。

福利厚生費として保険診療の一部負担金を免除したことを仕訳にすると、

（借方科目）福利厚生費　／（貸方科目）保険診療収入

となります。福利厚生費は全額損金になるので税務上は問題ありませんが、これでは前述したように従業員本人が負担しておらず、療養担当規則に違反しています。

個別指導をあまり受けることがないクリニックであれば、上記のように福利厚生費で処理していても問題になる可能性は低いので、当事務所の顧問先でも個別指導で指摘されたら見直すとして福利厚生費で処理しているクリニックは実在します。

しかし、病院は個別指導を受ける機会が多いうえに、個別指導も技官や事務官等が病院にきて病院の中で行われるので、従業員の保険診療の一部負担金の処理について確認される可能性が高いといえます。

そこで従業員の保険診療の一部負担金の免除を続けたい病院は、給料の手当として保険診療の一部負担金相当分を支給し、支給した金額と同じ金額を控除する方法をとるのが一般的です。手当として支給することで従業員本人が所得税と社会保険料を負担することになりますが、給料から保険診療の一部負担金を支払っているという形になるので療養担当規則に違反しません。

これを仕訳にすると保険診療の一部負担金を免除した時は、

（借方科目）未収金　／（貸方科目）保険診療収入

となり、給料を支払った時は、

（借方科目）給　料　／（貸方科目）未収金

となります。

従業員本人が保険診療の一部負担金を負担していることがおわかりいただけると思います。

このように税務上だけで判断するのではなく、療養担当規則では福利厚生費として処理することは認めていないのを理解したうえで、従業員の保険診療の一部負担金の扱いを決めるべきです。

ちなみに、福利厚生費として処理するのであれば治療費減免規定等となりますが、給料の手当として加算する場合は治療費補助規定等となります。

(2) 自由診療の治療費免除額は３割とは限らない

従業員が支払うべき治療費の免除は、保険診療の一部負担金だけでなく自由診療の一部を免除することがあります。特に美容クリニックでは、従業員に気軽に利用してもらう目的で自由診療の一部を免除する傾向が見られます。

少し話が逸れますが、美容クリニックでは従業員本人が美容医療を受け、その効果を実感していたほうが患者に対してより積極的に自由診療を勧める傾向があります。従業員本人が一度も受けたことがない美容医療について患者から聞かれても、ウェブサイトに書いてあるような表面的な説明しかできませんが、従業員本人が効果を実感している美容医療であれば、自身の体験談を交えながら「本当にお勧めですよ！」「私もやっています！」と強く勧めることができます。

このため、従業員に少しでも安く自由診療を受けて欲しいと考える美容クリニックは多いですが、税理士に相談すると３割までしか免除（割引）はできないと言われることが多いようです。

３割までという根拠は２つ考えられます。

その１つが、保険診療の一部負担金は３割だからという理由です。確かに保険診療であろうが自由診療であろうが治療という同じ行為なので、同じ割合で免除するのは誰もが納得しやすい理由だと

図表３－１「所得税基本通達36-23」

（課税しない経済的利益……商品、製品等の値引販売）

36－23 使用者が役員又は使用人に対し自己の取り扱う商品、製品等（有価証券及び食事を除く。）の値引販売をすることにより供与する経済的利益で、次の要件のいずれにも該当する値引販売により供与するものについては、課税しなくて差し支えない。（昭51直所3－1、直法6－1、直資3－1改正）

(1) 値引販売に係る価額が、使用者の取得価額以上であり、かつ、通常他に販売する価額に比し著しく低い価額（通常他に販売する価額のおおむね70%未満）でないこと。

(2) 値引率が、役員若しくは使用人の全部につき一律に、又はこれらの者の地位、勤続年数等に応じて全体として合理的なバランスが保たれる範囲内の格差を設けて定められていること。

(3) 値引販売をする商品等の数量は、一般の消費者が自己の家事のために通常消費すると認められる程度のものであること。

思いますが、保険診療の一部負担金は最大で３割までと法令で決められており、７割は社会保険診療報酬支払基金等から支払われるので絶対に３割以上を免除することはできません。また、従業員によっては一部負担金は３割でないこともあります。

もう１つが、所得税基本通達 36-23「課税しない経済的利益…商品、製品等の値引販売」に「通常他に販売する価額に比し著しく低い価額（通常他に販売する価額のおおむね 70%未満）でないこと。」と書かれていることがあげられます。

この所得税基本通達を根拠に、自由診療の免除額は３割までと答える税理士がいるようですが、自由診療は商品でも製品でもありません。所得税基本通達 36-23 は、商品や製品を値引販売した場合は、通常の販売価額の７割以上でないと経済的利益として給与課税すると書いてありますが、自由診療は用務の提供であり、販売ではありません。

したがって、所得税基本通達 36-29「課税しない経済的利益…用役の提供等」を根拠に免除額を計算するほうが正しいです。

従業員に対して自由診療の一部を免除するというのは、「使用者が役員若しくは使用人に対し自己の営む事業に属する用役を無償若しくは通常の対価の額に満たない対価で提供」することなので、「経済的利益の額が著しく多額であると認められる場合又は役員だけを対象として供与される場合を除き、課税しなくて差し支えな

図表３－２　「所得税基本通達 36-29」

（課税しない経済的利益……用役の提供等）

36－29　使用者が役員若しくは使用人に対し自己の営む事業に属する用役を無償若しくは通常の対価の額に満たない対価で提供し、又は役員若しくは使用人の福利厚生のための施設の運営費等を負担することにより、当該用役の提供を受け又は当該施設を利用した役員又は使用人が受ける経済的利益については、当該経済的利益の額が著しく多額であると認められる場合又は役員だけを対象として供与される場合を除き、課税しなくて差し支えない。

い。」となり、3割が限度は書かれていません。

ですからポイントは、「経済的利益の額が著しく多額」かどうかです。残念ながら用務の提供における妥当とされる経済的利益の額は所得税基本通達には書かれていないので、他の経済的利益の額を参考にするしかありません。

例えば、社宅家賃は賃貸料相当額の50%以上となっています。

また、人間ドックの費用負担は、給与として課税する必要はないという国税庁のQ＆Aがあります。人間ドックも自由診療なので自由診療の免除額を決める根拠の1つになると思っています。国税庁のQ＆Aは2日間の人間ドックを前提で書かれているので、1泊2日の人間ドックの金額を参考にするのであれば、10万円程度が社会通念上妥当な金額ということになります。

図表3－3 「人間ドックの費用負担」

人間ドックの費用負担

【照会要旨】

A社では、社内規程を設け、役員及び使用人の健康管理の目的で、全員について春秋2回定期的に健康診断を実施しているほか、成人病の予防のため、年齢35歳以上の希望者の全てについて2日間の人間ドックによる検診を実施しています。この検診は、会社と契約した特定の専門医療機関においてベッド数が確保できる範囲内で順次実施し、その検診料を会社で負担することとしていますが、この人間ドックによる検診を受けた人に対して、会社が負担した検診料相当額を給与等として課税すべきですか。

【回答要旨】

給与等として課税する必要はありません。

役員や特定の地位にある人だけを対象としてその費用を負担するような場合には課税の問題が生じますが、役員又は使用人の健康管理の必要から、雇用主に対し、一般的に実施されている人間ドック程度の健康診断の実施が義務付けられていることなどから、一定年齢以上の希望者は全て検診を受けることができ、かつ、検診を受けた者の全てを対象としてその費用を負担する場合には、給与等として課税する必要はありません。

以上のことから、患者に提供する治療費の50%相当額で、かつ、年間10万円以内を目安に従業員に対する自由診療の免除額を計算すれば、所得税基本通達36-29を根拠に免除額を計算する方法の１つになるのではないかと思います。

例えば、プラセンタ注射を患者に１回3,300円で提供しているとします。この50%は1,650円となり、これを年間60回までと限定するのであれば1,650円×60回＝99,000円と年間10万円以内という目安も満たせます。

これはあくまで１つの計算例なので、実際には顧問税理士と相談して免除額を決めてください。

(3) 研修費として認められる範囲

税理士によっては研修費、研究研修費、図書研究費、研修開発費など勘定科目名が異なりますが、本書では「研修費」で説明します。

この研修費ですが、税理士によって損金として認められる範囲が違います。中でも特に驚いたのは、美容クリニックにおける研修費です。

美容クリニックでは、従業員が他院に行って美容医療を体験することがあります。事前に他院に連絡をしてアポイントメントを取り付けていることもあるでしょうが、多くは他院には内緒（いわゆるアポなし）で他院の受付対応・接客対応・処置のやり方や説明方法・値段等を勉強しに行っていると聞きます。

これは美容クリニックの指示によるものなので、明らかに従業員本人の美容が目的なのではなく、美容医療のスキル等を学ぶのが目的なので美容クリニックの研修費に該当すると思いますが、この他院への美容医療は個人的なものとして一切研修費として認めない税理士がいました。

また、上記（2）で従業員に対する自由診療の一部免除について説明しましたが、これはあくまで従業員本人が希望して自由診療を受けた場合の扱いです。美容クリニックが従業員に対して新しく導入した美容医療を体験させたり、従業員のスキル向上等を目的として美容医療を受けることを指示した場合は、すべて研修費になると思われます。

ところが、美容クリニックが指示した場合も従業員が一部を負担しないとダメという税理士もいました。

これらの研修費が損金として認められるかどうかは税務署が判断することなので私が損金になると言っても何の意味もありませんが、少なくとも当事務所の顧問先様で税務調査でこれらの研修費が否認されたことはありません。

ただし、他院に美容医療を体験しに行く場合は必ず報告書を作成しておく必要がありますし、美容クリニックの指示で美容医療を受けさせる場合は、特定の従業員だけでなく全従業員を対象とする等の配慮は必要だと思います。

本書では美容クリニックの事例を用いて説明しましたが、すべての病医院の研修費にも関係する話です。例えば、税理士によっては外国の患者への対応向上を目的とする外国語会話教室への参加費とか、栄養療法の一環のための栄養講座や料理教室の受講料等が損金に認められないことがあるそうです。

これらを研修費にできるかどうかは病医院にとっては大きな問題だと思います。あれもダメ、これもダメでは病医院のスキルアップは望めないのではないでしょうか。

8 医療法人で役員社宅を勧められていないか

（1）自宅を役員社宅にして節税する方法とは

まず、自宅を役員社宅とすることで節税する方法について説明します。法人（株式会社も含む）であればこの方法は可能です。

自宅を個人で所有していると自宅に課される固定資産税や、自宅の維持管理に要する修繕費等の経費、さらに自宅を建てるための借入金の返済はすべて個人的な支出なので一切損金になりません。

しかし、自宅を法人に役員社宅として売却して法人所有にすれば、役員社宅に課される固定資産税や、役員社宅の維持管理に要する修繕費等の経費は法人の損金になります。さらに役員社宅とした場合は、建物の減価償却費も法人の損金に計上できます。

ただ、法人は無料で役員に役員社宅を使わせるわけではなく、所得税基本通達に定められた方法で社宅家賃を計算します。

社宅家賃の計算は小規模な社宅（木造住宅で132㎡以下等）、豪華社宅（240㎡を超えるもの等）、それ以外の（小規模でない）社宅で計算方法が異なります。本書ではそれ以外の（小規模でない）社宅による社宅家賃の計算を紹介します。

それ以外の（小規模でない）社宅の社宅家賃は、**第２章❶「病医院に不利な医療法人を設立していないか」**で紹介した所得税基本通達36-40「役員に貸与した住宅等に係る通常の賃貸料の額の計算」に基づいて計算します。

今回のように役員社宅を法人所有にしている場合は、下記計算式で社宅家賃を計算します。

次のイとロの合計額の12分の１が賃貸料相当額になります。
イ　（その年度の建物の固定資産税の課税標準額）×12パーセ

ント
ただし、法定耐用年数が 30 年を超える建物の場合には 12 パーセントではなく、10 パーセントを乗じます。
ロ　(その年度の敷地の固定資産税の課税標準額) ×6 パーセント

この算式で計算された社宅家賃は、**第２章1**で説明したように、基本的に通常の賃借料の 50% 相当になります。

例) 土地の固定資産税課税標準額　1,900 万円
建物の固定資産税課税標準額　500 万円(耐用年数 30 年超)
年間の固定資産税　38 万 4,000 円
年間の維持管理料　20 万円
毎月の借入金元利返済額　25 万円

社宅家賃の金額
建物　500 万円 ×10% = 50 万円
土地　1,900 万円 ×6% = 114 万円
年間社宅家賃　50 万円 + 114 万円 = 164 万円

【個人で自宅を所有している場合】
・個人の年間支出額　38 万 4,000 円 + 20 万円 + 25 万円 ×12 か月 = 358 万 4,000 円
※自宅は個人的なものなので減価償却費の計算はしない

【法人で役員社宅を所有している場合】
・個人の年間支出額　社宅家賃 164 万円
※不動産の売買代金で借入金を一括返済したと仮定し、個人の借入金元本返済額はなしとする。
・法人の年間損金額　38 万 4,000 円 + 20 万円 +

建物減価償却費125万円※＝183万4,000円

※建物取得価額を2,500万円、中古耐用年数20年と仮定して計算

上記の例だと個人で自宅を所有するのに比べ、個人は年間194万4,000円も支出が減り、法人は社宅家賃としての収入164万円から年間損金額183万4,000円を差し引いた19万4,000円だけ損金が増加します。

(2) 医療法人で役員社宅を所有すると都道府県から指導を受けることがある

上記のように、株式会社では代表取締役個人の自宅を株式会社に売却して節税することがよくあるので、医療法人にも株式会社と同様に理事長個人の自宅を医療法人に売却して節税することを提案する税理士が多いようですが、医療法人が役員社宅を所有していると都道府県から医療法第54条に定める剰余金の配当禁止に抵触するとして指導を受ける可能性がとても高いです。特に、医療法人定款変更認可申請をする時に問題になることが多いです。

医療法人に従業員用の社宅がなく役員社宅しかないことを都道府県が把握した時は、ほぼ間違いなく指導の対象となります。従業員用と役員用のいずれの社宅がある場合でも指導を受ける可能性があります。

厚生労働省は、社宅規程（福利厚生規程）があって、従業員と役員のどちらも社宅を利用できる福利厚生目的であれば問題ないとしています。

例えば、厚生労働省が作成した「持分の定めのない医療法人への移行計画認定制度Q＆A」（令和4年6月改訂版）には、社宅について**図表3－4**のように書かれています。

しかし、都道府県は役員に対する社宅は絶対に認められないと指

図表3－4 「持分の定めのない医療法人への移行計画認定制度Q & A」より抜粋

Q4－3　役員に社宅として建物を貸与していますが、問題となることはありますか。

【A】

役員等に対して社宅を貸与していることについて、

①　福利厚生規程に基づき、他の職員と同じ基準で貸与している場合

②　救急対応や建物管理等の業務上の必要性から貸与している場合（規程等に基づき貸与している場合や相応の賃料を受領している場合に限る）

のように、合理的な理由があると判断される場合には問題となりませんが、こうした合理的な理由が無いと判断される場合には、その役員等に特別の利益を与えていることになります。

なお、②のような理由で特定の役員等に社宅を貸与している場合には、受領している賃料の適正性についての説明を求める場合があります。賃料が適正であることの根拠資料としては、当該物件の不動産鑑定評価書や、近隣類似物件の賃貸借料の資料等が考えられます。

（※）当該認定制度は、他の法人よりも税制面での優遇を受ける制度であることから、特別の利益供与に当たるか否かの判断は、一般的な税法上の役員に対する社宅等の貸与の取扱いにおける賃貸上相当額の判断基準よりも、厳格に解されることとなります。

導してくる場合もあるので、私は医療法人で役員社宅を所有するのでなく、MS法人で役員社宅を所有することをお勧めしています。MS法人が役員社宅を所有していることについて、都道府県から指導を受けることは絶対にありません。

このように税理士は税法上の有利・不利だけで役員社宅を判断しがちですが、都道府県から指導を受けないためにも、医療法を含めた総合的な判断が必要となります。

(3) 消費税増税時の建物賃貸借契約の経過措置の適用

役員社宅には関係ありませんが、建物賃貸借契約に関することなので消費税増税時の建物賃貸借契約の経過措置の適用について説明します。

消費税は令和元年10月1日から8%から10%に引き上げられましたが、このような消費税増税時には必ず経過措置があります。そ

の経過措置の１つに、資産の貸付けがあります。

例えば、10％に増税された時は平成25年10月１日から令和元年３月31日までの間に締結した契約で、令和元年10月１日以降も引き続き貸付けを行っている場合、次の「①および②」または「①および③」に掲げる要件に該当するときは、令和元年10月１日以降も旧税率（8％）が適用されます。

【経過措置が適用される要件】

① 当該契約に係る資産の貸付期間およびその期間中の対価の額が定められていること。
② 事業者が事情の変更その他の理由により当該対価の額の変更を求めることができる旨の定めがないこと。
③ 契約期間中に当事者の一方または双方がいつでも解約の申入れをすることができる旨の定めがないこと、ならびに当該貸付けに係る資産の取得に要した費用の額および付随費用の額（利子または保険料の額を含む）の合計額のうちに当該契約期間中に支払われる当該資産の貸付けの対価の額の合計額の占める割合が100分の90以上であるように当該契約において定められていること。

経過措置が適用される要件を簡単に言うと、①貸付期間と家賃が決まっている、②契約期間中に家賃を改定できない、③契約解除条項がない、となります。

この要件を満たした建物賃貸借契約であれば、令和元年10月１日以降の消費税は8％で済むので、MS法人から医療法人に対して事業用建物を賃貸している場合は、経過措置を必ず適用するべきです。経過措置を適用するだけでMS法人が納税する消費税がほぼ確実に2％減ります。

当事務所では、消費税が増税になる度に必ずこの経過措置を適用しているので、MS法人が納付する消費税をかなり節税できていますが、この経過措置を適用していない税理士はかなり多いようです。

家賃が月額1,000万円（税抜）の場合、消費税が2%違うと年間に納付する税額は1,000万円×2%×12か月＝240万円も変わります。原稿執筆中の今（令和4年）は、既に3年経っているので240万円×3年＝720万円も減ります。

このように下手な節税対策をするよりずっと節税効果が高いです。逆にいうと、建物賃貸借契約の経過措置の適用という基本的なことすらしていないのに、生命保険等の活用といった節税と称される対策をしているのであれば本末転倒と言えます。お気を付けください。

9 「理事長貸付金は利息を徴収していれば大丈夫」と言われていないか

（1）理事長貸付金に対する税務上の取扱い

医療法人に、理事長に対する貸付金があっても利息を徴収していれば大丈夫とアドバイスする税理士がいるようです。税務上は役員または使用人に無利息または低い利息で金銭を貸し付けた場合には、原則として下記の利率で計算した認定利息と実際に支払う利息との差額が、給与として課税されます。

逆にいうと理事長貸付金であっても、認定利息をきちんと徴収していれば問題ないということです。

【役員または使用人に金銭を貸し付けた場合の認定利息の利率】

(1) 会社が他から借り入れて貸し付けた場合：その借入金の利率
(2) その他の場合：貸付けを行った日の属する年に応じた次に掲げる利率

・平成22年から25年中に貸付けを行ったもの：4.3パーセント
・平成26年中に貸付けを行ったもの：1.9パーセント
・平成27年から28年中に貸付けを行ったもの：1.8パーセント
・平成29年中に貸付けを行ったもの：1.7パーセント
・平成30年から令和2年中に貸付けを行ったもの：1.6パーセント
・令和3年中に貸付けを行ったもの：1.0パーセント
・令和4年中に貸付けを行ったもの：0.9パーセント

（国税庁タックスアンサーより抜粋）

(2) 理事長貸付金に対する医療法上の取扱い

税務上は、理事長貸付金は認定利息を徴収していれば問題ないですが、医療法上はかなり問題があります。

都道府県は、理事長貸付金は医療法第54条の剰余金配当禁止に抵触するとして是正を求めてくるからです。実際に多額の貸付金が原因で医療法人の設立認可が取り消されたケースは結構あります。

例えば、平成21年12月25日に東京都西多摩郡にあった医療法人社団千住会が東京都から医療法人設立取消の行政処分を受けています。

この時に東京都が公表した医療法人社団千住会の取消理由は、下記のとおりです。

【東京都が公表した医療法人社団千住会の取消理由】

(1) から (3) までの法令等違反に対して、医療法第64条第1項に基づく措置命令を行ったが、是正措置がなされなかった。

(1) 当該医療法人は設立後2年以上経過しているが、未だ定款に定めた事業を行っていない。また、事業開始に向けた実行性のある資金計画や具体的な運営計画も示されていない。

(2) 法人名義の借入金を個人負債の返済に充てており、剰余金配当禁止を規定する医療法第54条に違反している。また、その借入れを行う際に社員総会、理事会の決議を経ておらず、医療法人運営管理指導要綱に違背している。

(3) 医療法人の資金を理事長へ有利子で貸付けており、医療法第42条の医療法人の業務範囲を逸脱している上、さらに当該貸付金に関し、返済期限が経過しているにも関わらず全く回収をしておらず、剰余金配当禁止を規定する医療法第54条に違反している。

上記（2）に「法人名義の借入金を個人負債の返済に充てており」と書かれていることから、医療法人で借りた資金を理事長に貸し付け、理事長個人の負債を返済していたことがわかります。つまり、理事長貸付金が医療法第54条に違反していると取消理由には書かれています。

ほかにも、医療法人設立後２年以上経過しても定款に定めた事業を行っていない等の取消理由もありますが、理事長に対して貸付金があることを都道府県が把握した時はほぼ確実に是正を求めてきます。

したがって、医療法人に関しては「理事長貸付金は利息を徴収していれば大丈夫」は間違いだと言えます。できる限り速やかに、理事長貸付金を解消することをお勧めします。

(3) 理事長貸付金に対する利息徴収に関する都道府県の不適切な指導

第１章❷「病医院経営者が相談したいのは税務だけではないはず」で、都道府県から医療法人で利息をとると貸金業に該当するのでダメと指導された事例を紹介し、また医療法人社団千住会の取消理由にも「医療法人の資金を理事長へ有利子で貸付けており、医療法第42条の医療法人の業務範囲を逸脱している」と書かれていますが、これらは間違っています。

理由は、理事長を含む役員貸付金の利息徴収は、医療法第42条に定める附帯業務ではなく福利厚生として行うことと厚生労働省は明記しているからです。

【医療法人の附帯業務について】

留意事項

1. 役職員への金銭等の貸付は、附帯業務ではなく福利厚生として行うこと。
この場合、全役職員を対象とした貸付に関する内部規定を設けること。

((平成19年3月30日・医政発第0330053号) より抜粋)

【持分の定めのない医療法人への移行に関する計画の認定制度について】

ロ　当該医療法人がイに掲げる者に、例えば次のいずれかの行為をすると認められ、その行為が社会通念上不相当と認められる場合には、特別の利益を与えているものと判断する。

(イ)　当該医療法人の所有する財産をこれらの者に居住、担保その他の私事に利用させること。

(ロ)　当該医療法人の余裕金をこれらの者の行う事業に運用していること。

(ハ)　当該医療法人の他の従業員に比し有利な条件で、これらの者に金銭の貸付をすること。

(ニ)　当該医療法人の所有する財産をこれらの者に無償又は著しく低い価額の対価で譲渡すること。

(ホ)　これらの者から金銭その他の財産を過大な利息又は賃貸料で借り受けること。

(ヘ)　これらの者からその所有する財産を過大な対価で譲り受けること、又はこれらの者から当該医療法人の事業目的の用に供するとは認められない財産を取得すること。

(ト)　これらの者に対して、当該医療法人の役員等の地位にあることのみに基づき給与等を支払い、又は当該医療法人の他の従業員に比し過大な給与等を支払うこと。

(チ)　これらの者の債務に関して、保証、弁済、免除又は引受け（当該医療法人の設立のための財産の提供に伴う債務の引受けを除く。）をすること。

（リ）　契約金額が少額なものを除き、入札等公正な方法によらないで、これらの者が行う物品の販売、工事請負、役務提供、物品の賃貸その他の事業に係る契約の相手方となること。

（ヌ）　事業の遂行により供与する利益を主として、又は不公正な方法で、これらの者に与えること。

（（平成29年9月29日・医政支発0929第1号）より抜粋（アンダーラインは筆者））

このように厚生労働省は貸付金に対する利息徴収は医療法第42条で定める附帯業務ではなく福利厚生として行う附随業務であること、および貸付金に対する利息徴収は従業員に対する貸付と同程度の条件であれば特別の利益を与えていない（医療法第54条に抵触しない）としています。

東京都は医療法人設立取消という行政処分なのに不適切な指摘をしており、逆に東京都のほうが問題があるような気がします。少なくとも「医療法第42条の医療法人の業務範囲を逸脱している上」ではなく、「医療法人の附随業務として認められる範囲を逸脱している上」と書くべきでした。

さらに東京都の取消理由を参考にしているかどうかわかりませんが、多くの都道府県が利息の徴収は貸金業と間違った指導をしているのも問題です。

大切なことなので何度も言いますが、行政の指導が絶対に正しいと思うのは間違いです。

(4) 理事長貸付金の解消方法

貸付金に対する利息の徴収は、医療法第42条の附帯業務でも貸金業でもなく福利厚生として行う附随業務だと説明しましたが、それでも多額の理事長貸付金があると医療法人の設立認可が取り消される可能性は否定できません。できる限り速やかに理事長貸付金を解消すべきなので、理事長貸付金の代表的と思われる解消方法をいくつか紹介します。

① 役員報酬に上乗せして毎月少しずつ返済

この方法を提案する税理士は多いようですが、この方法だと完済まで長期間を要しますし、何より所得税と住民税控除後の金額しか返済に充てられないというデメリットがあります。

例えば、毎月の役員報酬が月額200万円の理事長が貸付金返済のため役員報酬を20万円増額すると仮定します。月額200万円ということは年収2,400万円となり、給与所得控除額195万円と基礎控除額48万円を差し引いて計算した税金は798.9万円（所得税583.2万円、住民税215.7万円）となり、年間手取額は1,601.1万円になります。

これに対し月額220万円だと年収は2,640万円となり、給与所得控除額195万円と基礎控除額32万円（基礎控除額は所得に応じて減額される）を差し引いて計算した税金は926万9,000円（所得税685万6,000円、住民税241万3,000円）となり、年間手取額は1,713万1,000円になります。

月額20万円なので年収240万円増額したにもかかわらず、年間手取額は112万円しか増えないことがわかります。つまり112万円を返済するために128万円の税金を支払うことなります。
（※比較のための概算計算なので社会保険料等は考慮していませんし、住民税の基礎控除額は所得税の基礎控除額と同額で計算しています）

このように、役員報酬に上乗せして毎月少しずつ返済する方法はあまりお勧めできません。

②　MS 法人に出資持分または基金を譲渡

この方法は MS 法人がないと使えない方法ですが、MS 法人があればかなり効果的な方法だといえます。特に、平成 19 年 3 月以前に設立した出資持分のある医療法人だとより効果的です。

例えば、理事長貸付金が 2,000 万円あるが、理事長はその医療法人の出資金を 1,000 万円所有している場合、理事長が所有している出資金を MS 法人に 2,000 万円で譲渡すれば、MS 法人から受け取る譲渡代金で理事長貸付金を完済することができます。

ちなみに出資持分の譲渡益に対して課される税金は所得税 15％と住民税 5％の 20％です。復興特別所得税を含めても 20.315％となります。これは上記①の役員報酬を上乗せする方法より低い税率である場合が多いので納税額も少なくて済みます。

もし出資持分のない医療法人の基金のように、1,000 万円の額面のものを 1,000 万円で譲渡すれば譲渡益がないので課税もされません。

なお、医療法人の出資持分を MS 法人が所有することについては、厚生省（当時）から「出資又は寄附によって医療法人に財産を提供する行為は可能であるが、それに伴っての社員としての社員総会における議決権を取得することや役員として医療法人の経営に参画することはできない」という見解がでており、出資持分の所有については問題ありません。

【医療法人に対する出資又は寄附について】

> 医療法人に対する出資又は寄附について
>
> （平成3年1月17日）
> （指第1号）
> （東京弁護士会会長あて厚生省健康政策局指導課長回答）
>
> 照会
>
> 1 株式会社、有限会社その他営利法人は、法律上出資持分の定めのある社団医療法人、出資持分の定めのない社団医療法人または財団医療法人のいずれに対しても出資者又は寄附者となり得ますか。
> 2 仮に株式会社、有限会社その他営利法人は上記1の医療法人の出資者又は寄附者となり得るとした場合、医療法人新規設立の場合と既存医療法人に対する追加出資又は追加寄附の場合の2つの場合を含むのでしょうか。
>
> 回答
>
> 標記について、平成3年1月9日付東照第3617号で照会のあったことについては、下記により回答する。
>
> 記
>
> 照会事項1については、医療法第7条第4項において「営利を目的として、病院、診療所又は助産所を開設しようとする者に対しては、都道府県知事は開設の許可を与えないことができる。」と規定されており、医療法人が開設する病院、診療所は営利を否定されている。そのため営利を目的とする商法上の会社は、医療法人に出資することにより社員となることはできないものと解する。
>
> すなわち、出資又は寄附によって医療法人に財産を提供する行為は可能であるが、それに伴っての社員としての社員総会における議決権を取得することや役員として医療法人の経営に参画することはできないことになる。
>
> 照会事項2については、医療法人新規設立の場合と既存医療法人に対する追加出資又は追加寄附の場合も含むことになる。

（厚生省）

③ 建物保証金と相殺

この方法は、理事長個人が所有する建物を医療法人に賃貸しているが保証金をとっていない場合にとても効果的です。

都市部では他者から建物を賃借するときは家賃の数か月分の保証金を差し入れるのは当たり前ですが、医療法人と理事長個人の建物賃貸借の場合、この保証金を差し入れていない契約をかなり見かけます。

保証金は地域によってかなり差がありますが、都市部では高いところで家賃の10か月以上を差し入れることがあります。都市部以外でも家賃の3~6か月分を差し入れるところは多いと思います。

例えば、理事長貸付金が2,000万円あり、理事長個人が所有している建物を医療法人に保証金なしで月額200万円で賃貸している場合、保証金として家賃の10か月分を差し入れるように契約を変更するだけで、理事長貸付金が建物保証金2,000万円に代わり、理事長貸付金を解消することができます。

第4章

税務申告や登記等は適正に行われているか

1 法人税申告において よく見られる間違い

（1）医療法人に別表二は不要

第３章3「医療法人と株式会社の違いをきちんと理解しているか」で既に説明しましたが、医療法人は医療法の規定に基づく法人であり、会社法の規定に基づく会社ではなく、法人税法上の同族会社には該当しないので、別表二「同族会社等の判定に関する明細書」は不要です。

しかし、出資持分を明確にするためにあえて別表二を添付して法人税の申告をしている税理士もいるそうです。おそらく出資持分の一部を毎年子どもに贈与しており、その年ごとに贈与をしたという記録を残し、税務署から連年贈与とみなされないために別表二を添付して申告しているのだと思います。

連年贈与とは、例えば毎年100口ずつ10年間にわたって1,000口を贈与することが決められている（約束されている）場合は、決められた（約束をした）年に1,000口の贈与があったものとして贈与税の申告をすることをいいます。一般的には贈与税の基礎控除額110万円の範囲内か少し超える額の出資持分を毎年贈与することが多いので、もし連年贈与とみなされてしまうと多額の贈与税が課されてしまいます。

そこであらかじめ贈与する口数は決まっていないことを証明するために、その年ごとに贈与する口数を決めるとともに、「いつ」「いくら」を贈与したのか記録として残すことが一般的に行われています。

ただ連年贈与とならないための記録であれば、私は別表二よりも毎年都道府県に提出する義務がある決算届の事業報告書を活用すべきだと考えます。というのも、事業報告書には「当該会計年度内に社員総会又は評議員会で議決又は同意した事項」を記載する必要があるからです。

医療法人は社員総会で議決を経なければならない事項として「社員の入社及び除名」が定款に必ず定められているはずですが、「その他重要な事項についても、社員総会の議決を経ることができる。」と定められているはずです。

出資持分は医療法人にとって重要な事項なので、私は出資持分の贈与の承認を必ず社員総会で決めています。そして事業報告書に「令和×年×月×日　出資持分贈与の承認」等と記載し、都道府県に提出すれば、「いつ」贈与を決定したという証拠になります。

「いくら」はその日付の社員総会議事録で確認できるので、別表二よりも「いつ」贈与を決定したという確定した日付が残せます。ですから私はいかなる場合であっても、医療法人で別表二を添付して申告したことはありません。

図表4－1 「医療法人における事業報告書等の様式について」

(4) 当該会計年度内に社員総会又は評議員会で議決又は同意した事項

令和○○年○○月○○日	令和○○年度決算の決定
令和○○年○○月○○日	定款の変更
令和○○年○○月○○日	社員の入社及び除名
令和○○年○○月○○日	理事、監事の選任、辞任の承認
令和○○年○○月○○日	令和○○年度の事業計画及び収支予算の決定
〃	令和○○年度の借入金額の最高限度額の決定
〃	医療機関債の発行（購入）の決定

（「平成19年3月30日　医政指発第0330003号」より抜粋）

(2) 役員報酬手当等および人件費の内訳書の不適切な記載

法人税申告書には勘定科目内訳明細書を添付しなければなりませんが、勘定科目内訳明細書⑭に「役員報酬手当等及び人件費の内訳書」があります。この内訳書の理事長の記載が不適切なものを見かけます。

図表４－２　不適切な役員報酬手当等及び人件費の内訳書の記載例

役員給与等の内訳書　⑭　[1 / 1]

役員給与等の内訳										
役職名	氏名	代表者との関係	常勤・非常勤の別	役員給与計	左の内訳					退職給与
					使用人職務分	使用人職務分以外				
担当業務	住所					定期同額給与	事前確定届出給与	業績連動給与	その他	
				円	円	円	円	円	円	円
理事長	新宿　太郎		常・非	1,200,000		1,200,000				
	新宿区新宿１－１－１									

理事長の報酬が本当に年間120万円であれば**図表４－２**の記載で問題ありませんが、もっと多額の報酬を理事長に対して支払っている場合は、不適切な記載としか言いようがありません。

なぜこのようなことが起こるのかというと、都道府県によっては役員（理事長も含む）の報酬は月額10万円以下でなければダメと指導しているところがあるからです。根拠の全くない不当と思われる指導ですが、いまだにこのような指導をしている都道府県はあるそうです。

ただし、そのような都道府県でも役員に対して医師給与を支払うことは認めています。

例えば、理事長に月額300万円を支払っているが、役員報酬として月額10万円、医師給与として月額290万円に分けている場合に**図表４－３**のような書き方をしているのだと思います。

しかし、理事長は法人の代表者なので絶対に使用人兼務役員には該当しないため、医療法人が理事長に支払う報酬は定期同額給与、事前確定届出給与、または利益連動給与のいずれかに該当しないと損金になりません。

したがって、内訳をどのようにしているかに関係なく、内訳書の定期同額給与は3,600万円（月額300万円×12か月）と記載するのが正しいです。

ちなみに、役員報酬として月額10万円、医師給与として月額290万円に分けている場合の「役員報酬手当等及び人件費の内訳書」の人件費の内訳は、下記のように記載すべきです。

図表4－3　人件費の内訳の正しい記載例

人件費の内訳			
区　分		総　額 円	総額のうち代表者及びその家族分 円
役員給与		1,200,000	1,200,000
従業員	給与手当	34,800,000	34,800,000
	賃金手当	0	0
計		36,000,000	36,000,000

こうすることで定期同額給与3,600万円と一致しますし、損益計算書の役員報酬と医師給与とも一致します。

そして本当に危険なのは内訳書の記載ではなく、議事録の記載方法です。過大な役員給与であるかどうかは実質基準と形式基準で判断されますが、形式基準は定款や社員総会等で役員報酬について定めているかどうかを議事録等から判断します。

図表4－2のように内訳書に記載している医療法人は、議事録も月額10万円だけしか記載していないところがほとんどです。これでは医師給与として支払っている月額290万円は形式基準を満たしていません。

(3) 附帯業務と附随業務の違いを理解していない

医療法人の決算書の医業収益（いわゆる売上高）に物販収入等と書かれたものを見かけますが、物販は病院等の業務の一部に附随して行われるものであり、本来業務や附帯業務ではなく附随業務です。附随業務なので営業外収益で処理するのが適切です。

四病院団体協議会がまとめた「医療法人会計基準に関する検討報告書」（以下、「医療法人会計基準」という）にも、「本基準の損益計算書において、事業損益は、本来業務、附帯業務、収益業務に区別され、事業外損益は、一括して表示される。」と書かれています。

逆に附帯業務として行っている有料老人ホームや障害福祉サービス事業を営業外損益に計上している決算書をたまに見かけますが、これも間違いです。

医療法人会計基準にも「事業損益は、病院、診療所又は介護老人保健施設に係る本来業務事業損益、医療法第42条に基づいて定款又は寄附行為の規定により実施している附帯業務に係る附帯業務事業損益、医療法第42条の２に基づいて定款又は寄附行為の規定により実施している収益業務に係る収益業務事業損益に区分して損益計算書の記載をすること」と書かれており、附帯事業は事業損益（いわゆる営業損益）であることがわかります。

医療法人会計基準では本来業務事業損益と附帯業務事業損益を分けて記載するとなっていますが、一般的な会計ソフトでは事業損益の区分は１つしかないので分けることは困難です。

私は医療法人であっても「中小企業の会計に関する指針」に従って決算書を作成しているので、本来業務も附帯業務も事業損益で処理していますが、その代わり本来業務と附帯業務を本支店会計で分けて処理しています。

たかが決算書の記載区分を間違っただけと思う方もいるかもしれませんが、税理士はいわゆる税務と会計のプロのはずです。会計のプロが基本的な決算書の記載区分を間違えているようでは、とても医療業界に精通しているとは思えません。

前述しましたが、基本ができたうえで、はじめて応用した対応ができるのではないでしょうか。

なお、医療法人の会計基準は平成19年の医療法改正で「医療法人の会計は、この法律及びこの法律に基づく厚生労働省令の規定によるほか、一般に公正妥当と認められる会計の慣行に従うものとする。」（医療法第50条）となっています。

いまだに、医療法人の会計基準は病院会計準則や医療法人会計基準でなければならないと勘違いしている税理士は多いようなので気をつけてください。

2 消費税申告において よく見られる間違い

（1）消費税の会計処理は税抜経理方式が有利

消費税免税事業者は消費税の納税義務がないので消費税の会計処理は税込経理方式しか選択できませんが、消費税課税事業者は税込経理方式か税抜経理方式のいずれかを選択することができます。

ところで、消費税の会計処理は消費税の申告においては１円も差額が生じず、法人の利益または個人の事業所得に差が生じるので、本来は**第４章 1「法人税申告においてよく見られる間違い」**で説明するのが正しいかもしれませんが、消費税に関することなのであえて本項で説明します。

図表４－４　法人事業概況説明書の一部抜粋

<table>
<tr><td rowspan="9">8 経理の状況</td><td rowspan="3">(1) 管理者</td><td>区分</td><td>氏名</td><td colspan="2">代表者との関係</td></tr>
<tr><td>現金</td><td></td><td>□ 親族</td><td>□ 他人</td></tr>
<tr><td>通帳</td><td></td><td>□ 親族</td><td>□ 他人</td></tr>
<tr><td colspan="2">(2) 試算表の作成状況</td><td>□ 毎月</td><td>□ おおむね月ごと</td><td>□ 決算時のみ</td></tr>
<tr><td colspan="2" rowspan="2">(3) 源泉徴収対象所得</td><td>□ 給与</td><td>□ 報酬・料金</td><td>□ 利子等</td></tr>
<tr><td>□ 配当</td><td>□ 非居住者</td><td>□ 退職</td></tr>
<tr><td rowspan="3">(4) 消費税</td><td>当期課税売上高（単位：千円）</td><td colspan="3">□□□□□□□□</td></tr>
<tr><td rowspan="2">経理方式</td><td>□ 税抜経理方式</td><td rowspan="2">(5) 社内監査</td><td>実施の有無　□ 有　□ 無</td></tr>
<tr><td>□ 税込経理方式</td><td>（　　　　）</td></tr>
</table>

消費税の会計処理が税込経理方式か税抜経理方式なのかを確認する際、決算報告書の個別注記表がある場合は、個別注記表に「消費税等の会計処理」の記載があるはずです。ほかには法人税申告書に添付されている法人事業概況説明書でも確認することができます。

結論を先に言うと、消費税の会計処理は税抜経理方式が有利です。特に病医院で多額の設備投資をした時は法人の利益に大きな差がでます。

前述したように消費税として納付する金額は税込経理方式でも税抜経理方式でも変わりませんが、税抜経理方式のほうが下記のように法人税や所得税の課税所得金額となる利益を減らすことができます。

【消費税の経理方式による利益の差】

	税込経理方式	税抜経理方式
税込 55,000,000 円の自由診療収入の会計処理	収入 55,000,000 円…①	収入 50,000,000 円 仮受消費税 5,000,000 円…④
税込 33,000,000 円の経費の会計処理	経費 33,000,000 円…②	経費 30,000,000 円 仮払消費税 3,000,000 円…⑤
税込 220,000,000 円の増改築工事の会計処理	建物 220,000,000 円…③	建物 200,000,000 円 仮払消費税 20,000,000 円…⑥
納付する消費税額	Ⅰ 課税売上高に対する消費税 ①×10/110＝5,000,000 円 Ⅱ 課税仕入高に対する消費税	Ⅰ 課税売上高に対する消費税 ④＝5,000,000 円 Ⅱ 課税仕入高に対する消費税

	税込経理方式	税抜経理方式
	(②+③) ×10/110 = 23,000,000円 Ⅲ　還付される税額 Ⅱ − Ⅰ = 18,000,000円	⑤+⑥= 23,000,000円 Ⅲ　還付される税額 Ⅱ − Ⅰ = 18,000,000円
資産計上した建物の減価償却費の計算 （償却率は定額・耐用年数39年のものを使用）	220,000,000円×0.026 = 5,720,000円	200,000,000円×0.026 = 5,200,000円
課税所得金額（利益）の計算	収入　55,000,000円 経費　△33,000,000円 減価償却費 △5,720,000円 雑収入　18,000,000円 利　益　34,280,000円	収入　50,000,000円 経費　△30,000,000円 減価償却費 △5,200,000円 利　益　14,800,000円

※　課税売上割合や控除対象外消費税等の計算は省略しています。

※　税込経理方式で消費税の還付申告をする場合は還付請求額を雑収入として計上します。

上記のとおり、消費税の会計処理が税抜経理方式のほうが1,948万円も利益（課税所得金額）が少なくなります。税抜経理方式のほうが利益が少ない理由は、減価償却資産の計上金額にあります。税込経理方式の場合は消費税を含めた2億2,000万円を減価償却資産として計上しますので、その減価償却資産の耐用年数の期間にわたって消費税の2,000万円を損金化しなければなりません。上記のケースでは消費税の損金化に39年もかかります。

仮に法人の実効税率を25%と仮定しても、1,948万円の利益だと487万円も納税額が変わります。

このように、建物のように数億円もして耐用年数が長い減価償却資産を取得した時は、数百万～数千万円単位で納税額に差が出ることがあります。

ほかにも税抜経理方式のほうが有利なことがあります。

① 少額減価償却資産の損金算入限度額が増える

本来、取得価額が20万円以上の減価償却資産はその減価償却資産の耐用年数の期間にわたって損金にしなければなりませんが、中小企業者等においては、取得価額が30万円未満の減価償却資産はその取得年度に取得価額全額を損金にすることができます（令和6年3月までの時限措置）。

そして取得価額が30万円未満の減価償却資産を、「少額減価償却資産」といいます。この少額減価償却資産の損金算入限度額は年間300万円以下ですが、税込経理方式の場合は税込300万円以下となるのに対し、税抜経理方式は税抜300万円以下となります。

したがって、税抜経理方式のほうが税込経理方式より、少額減価償却資産の損金算入限度額が年間30万円多くなります。

② 償却資産税が少なくなる

償却資産税とは市区町村税である固定資産税の一種で、毎年1月31日までに不動産以外の医療機器や器具備品、構築物等の減価償却資産を所有している場合には、その減価償却資産が所在する市区町村に申告する義務がある税金をいいます。

市区町村は事業者からの申告に基づき、それぞれの資産の評価額を決定し、それらの評価の合計額が年間150万円を超える場合には償却資産税が課税されます。償却資産税の税率は1.4%です。

そして、市区町村に申告する償却資産の取得価額は税込経理方式の場合は税込で、税抜経理方式の場合は税抜となります。

償却資産の評価額は申告された取得価額と耐用年数をもとに計算しますので、償却資産の取得価額を税込で申告すると、その資産の消費税に対しても1.4%の償却資産税が課税されることになります。

税込1,100万円の資産であれば、その消費税100万円に対しても1.4%の償却資産税が課税されるので、単純に計算すると（100万円×1.4%＝）14,000円も償却資産税を多く納税することになります。

(2) 消費税の申告は個別対応方式が有利

消費税の申告方法は一般課税と簡易課税がありますが、簡易課税は課税売上高（概ね自由診療収入や雑収入の合計）が5,000万円以下でなければ適用できないので、自由診療収入の割合が多い病医院は一般課税で消費税を申告しているところが多いです。

一般課税はさらに、個別対応方式と一括比例配分方式に分かれますが、病医院は個別対応方式のほうが有利な場合が多いのに、一括比例配分方式で申告している税理士は結構います。

個別対応方式を簡単に説明すると、仕入れや経費等を、課税売上（自由診療収入や雑収入）のみに対応する分と、非課税売上（保険診療収入）のみに対応する分と、課税売上と非課税売上の両方に共通する分に分けて計算します。

例えば病院であれば、下記のように区分できるはずです。

・課税売上のみに対応する分
　売店の家賃、仕入および経費、
　障害福祉サービス事業所における物販や飲食店の家賃、仕入および経費
　メディカルフィットネスセンター（42条施設）の家賃、仕入および経費
・非課税売上のみに対応する分
　特になし
・共通する分
　医薬品仕入、診療材料費、家賃、水道光熱費、消耗品費、被服費、福利厚生費、接待交際費等

ほかにも例えば、インプラントを行っている歯科医院の場合は、下記のように区分できるはずです。

・課税売上のみに対応する分
　インプラント材料費および技工料
・非課税売上のみに対応する分
　特になし
・共通する分
　医薬品仕入、診療材料費、家賃、水道光熱費、消耗品費、被服費、福利厚生費、接待交際費等

医薬品仕入や診療材料費は保険診療収入のみに対応する分になるのでは？ と税務調査の際に聞かれたことがありますが、歯科医院の自由診療収入はインプラントだけではありません。セラミック等の保険適用外の歯の補綴や、ホワイトニング等もありますし、中には保険証がなくて全額自由診療で歯を治療される方もいます。医薬品仕入や診療材料費をこれらの治療ごとに把握するのは大変な作業で現実的に無理です。ですから共通する分に該当します。

これに対しインプラント材料費および技工料は、フィクスチャー、アバットメント、人工歯に限られていますし、業者も異なるので把握は容易です。

課税売上対応分の仕入れが増えれば増えるほど、消費税の納税額は少なくなります。歯科医院により異なりますが、消費税の申告を個別対応方式に変えただけで、年間100万円以上納税額が減ったところもあります。

(3) 簡易課税の事業区分はすべて第５種事業とは限らない

簡易課税で消費税を申告している場合、収入を第１種から第６種事業のいずれかに区分します。

病医院における課税売上高は自由診療収入、売店収入、雑収入、固定資産売却収入等がありますが、このうち自由診療収入はみなし仕入率50％の第５種事業に該当し、固定資産売却収入はみなし仕入率60％の第４種事業に該当します。

また、売店収入は小売業に分類されるので、みなし仕入率80％の第２種事業に該当します。なお、売店で切手類を販売することがありますが、切手類は消費税非課税取引です。

ほかにも歯科医院における歯ブラシ等の物販収入も患者に対して販売しているので小売業に分類され、みなし仕入率80％の第２種事業に該当します。

このように消費税を簡易課税で申告している場合で、簡易課税の事業区分がすべて第５種事業となっている場合は損をしている可能性があるので、ご注意ください。

3 役員変更登記や資産総額変更登記を定期的に行っているか

(1) 医療法人が登記しなければならない事項

医療法人は、医療法と組合等登記令という政令に基づき登記をします。

医療法人が登記しなければならない事項は、下記のとおりです。

【医療法第43条に定められている登記事項】

① 設立
② 従たる事務所の新設
③ 事務所の移転
④ その他登記事項の変更
⑤ 解散
⑥ 合併
⑦ 分割
⑧ 清算人の就任またはその変更
⑨ 清算の結了

【組合等登記令（第2条）による登記事項】

① 目的および業務
② 名称
③ 事務所の所在場所
④ 代表権を有する者の氏名、住所および資格
⑤ 存続期間または解散の事由を定めたときは、その期間また

は事由
⑥　資産の総額

登記を怠ったときは、医療法第93条の規定により、医療法人の理事､監事または清算人に対して20万円以下の過料が科されます。

(2) 医療法人の役員の任期

医療法人の役員の任期は、医療法第46条の５第９項の規定により２年を超えることはできません。したがって、２年に一度、役員（理事および監事）の改選をしなければならず、理事の改選があることで理事長も改選することになります。

医療法人は株式会社と違い、役員は代表権を有する者（理事長）のみを登記しますが、理事長の改選があったときは、重任であっても登記をする必要があります。

ところが、理事長の重任については間違いが多く見受けられます。役員の任期を２年ではなく、選任後２年以内に終了する事業年度のうち最終のものに関する定時社員総会の終結の時までと勘違いしている例が、非常に多いです。理事長の重任登記の日が毎回異なっている医療法人は、役員の任期を間違えて把握しています。

会社法や一般社団法人及び一般財団法人に関する法律では、役員の任期は「選任後二年以内に終了する事業年度のうち最終のものに関する定時社員（株主）総会の終結の時までとする。」と定められていますので、一般的な会社や法人は決算承認の社員（株主）総会の日が理事長や代表取締役の任期満了の日となりますが、前述したように医療法人の役員の任期は２年です。

２年ですので、就任した日から２年を経過する日が任期満了の日です。例えば、令和４年6月１日に就任したのであれば、任期満了の日は令和６年５月31日となります。もっと厳密にいうと、5月31日の24：00で任期満了です。

ただし、定款の附則に、「本社団の設立当初の役員の任期は、第○条第○項の規定にかかわらず、令和○年○月○日までとする。」という規定が必ずあるはずなので、設立後最初の役員の任期満了の日は、定款の附則に定められた日となります。

附則に定められた日が令和4年5月31日であれば、次の役員の任期満了の日は令和6年5月31日、その次の任期満了の日は令和8年5月31日となります。

(3) 役員就任年月日

登記の日を、任期満了の日と勘違いしているケースもあります。

上記の例でいうと、令和4年5月31日重任と登記されている場合は間違いです。登記の日は就任年月日なので、令和4年6月1日重任と登記されているのが正しいです。

登記の日を間違えているのは、法務局の間違った指導が原因の可能性もあります。役員の任期には初日不算入の原則があるので、6月1日に役員改選を行うと6月1日は初日不算入となり、6月2日が就任日になると指導されたことが、実際にあります。

初日不算入の原則は、民法第140条で次のように規定されています。

◆民法第140条

> 日、週、月又は年によって期間を定めたときは、期間の初日は、算入しない。ただし、その期間が午前零時から始まるときは、この限りでない。

医療法人の役員の任期は2年なので、5月31日の24：00をもって任期満了となり、6月1日午前零時をもって次の役員の任期が始まります。

したがって、医療法人の役員重任には初日不算入の原則は適用されません。初日不算入の原則が適用されないので、役員改選を６月１日で行うのは不適当です。

理由は、医療法人の役員の任期は２年と定められているので、２年を１日でも過ぎると役員の資格を喪失し、たった１日であっても役員不在となるからです。

定款に、「役員は、任期満了後といえども、後任者が就任するまでは、その職務を行うものとする。」という規定がある場合がありますが、医療法には２年と書かれているだけで後任者が就任するまで任期が延長されるとは書かれていません。

したがって、厳密にいうと６月１日に役員改選を行うのであれば、仮理事の選任という手続が必要になります。ですから、役員改選は５月31日に行うのが正しいです。

なお、医療法第46条の５の３に、「この法律又は定款若しくは寄附行為で定めた役員の員数が欠けた場合には、任期の満了又は辞任により退任した役員は、新たに選任された役員（次項の一時役員の職務を行うべき者を含む。）が就任するまで、なお役員としての権利義務を有する。」という規定があるので、欠員の場合に限り、後任者が就任するまで任期が延長されます。

参考までに、役員重任の場合の社員総会議事録の記載例を載せておきます。

【社員総会議事録例】

第○号議案　役員任期満了につき改選の件

議長は、役員全員が令和○年○月○日をもって任期満了となるため、その改選の件を付議したところ、社員○○○○から議長の指名に一任したいとの動議があり、満場これに賛成したので、議長は、次の者を理事及び監事に選任する旨報告し、満場異議なく決議した。

なお、被選任者は、いずれも席上その就任を承諾した。
理 事 ○県○市○町○丁目○番○号 ○○○○（重任）
理 事 ○県○市○町○丁目○番○号 ○○○○（重任）
理 事 ○県○市○町○丁目○番○号 ○○○○（重任）
監 事 ○県○市○町○丁目○番○号 ○○○○（重任）

（法務省ウェブサイトから抜粋）

（4）理事長の変更登記（重任の場合）

重任の場合の理事長の変更登記には、社員総会議事録、理事会議事録、医師（歯科医師）免許証の写しを添付する必要があります。

一般的に、就任承諾書は社員総会議事録および理事会議事録に就任を承諾したという文言を入れることで添付を省略しますが、議事録に就任を承諾したという文言がない場合は、就任承諾書も添付する必要があります。

また、非医師が理事長となっている医療法人の場合は、医師（歯科医師）免許証の写しの代わりに理事長選出認可書の写しを添付します。この場合は、申請書に認可書の到達年月日を記載してください（当事務所と提携している司法書士によると、認可書の到達年月日の記載の有無については認可書の写しが添付してあれば比較的緩やかで、記載がなくても登記申請が受理されることが結構あるそうです）。

なお、医師（歯科医師）免許証の写しまたは理事長選出認可書の写しには、欄外に「これは医師（歯科医師）免許証の写しである。」旨を記載し、理事長が記名して提出します。

（5）資産の総額の変更登記

医療法人は、毎事業年度終了後2か月以内に資産の総額を登記し

図表４－５　財産目録例

財産目録の例
（一例です。法人の実情に合わせて作成してください。）

財産目録

令和〇〇年〇〇月〇〇日現在

1．資産の部
（1）基本財産　金〇〇円
内訳
（注）基本財産の内容が現金であるときには(２)の１０の記載方法により，建物であるときには(２)の２の記載方法によります。
（2）運用財産　金〇〇円
内訳

1	土地	種類　筆数　地積　単価	金額
2	建物	構造　棟数　床面積　単価	金額
3	附帯設備	種類　構造	金額
4	什器設備	品名　数量　単価	金額
5	貸付金	貸付先　摘要	金額
6	未収金	未収先　摘要	金額
7	立替金	立替先　摘要	金額
8	仮払金	仮払先　摘要	金額
9	証券	種類　枚数　額面	金額
10	預金	種類　預け先	金額
11	現金		金額

2．負債の部　金〇〇円
内訳

1	借入金	借入先　摘要	金額
2	未払金	未払先　摘要	金額
3	預り金	預り先　摘要	金額
4	仮受金	仮受先	金額
5	減価償却引当金		金額
6	退職給与引当金		金額

3．差引正味財産　金〇〇円
（注）差引正味財産は，「資産の部の合計」から「負債の部の合計額」を減じた金額を記載します。この金額が，「資産の総額」として登記されることになります。
上記は，財産目録に相違ありません。

医療法人〇〇会
理事長〇　〇　〇　〇
（注）証明者は，監事でも差し支えありません。

（法務省ウェブサイトから抜粋）

なければなりません。したがって、資産の総額の変更登記は毎年行います。

資産の総額の変更登記には、財産目録を添付する必要があります。**図表4－5**は法務省のホームページに掲載されている財産目録例です。資産の部が基本財産と運用財産に分かれていますが、基本財産の記載を間違えている財産目録をたまに見かけます。基本財産は、定款に定められています。病院の場合には不動産等を基本財産にしているケースがありますが、診療所の場合には基本財産がない定款のほうが圧倒的に多いです。

ところが、定款に基本財産の定めがないにもかかわらず、不動産を基本財産として財産目録を作成したものがあります。定款に基本財産の定めがない場合は、基本財産は０円として財産目録を作成してください。

なお、財産目録は資産の総額が判明する貸借対照表でもかまいません。この場合でも、貸借対照表の余白に**図表4－5**のように、財産目録に相違ない旨を証明した理事長または監事の記名が必要です。

資産の総額がプラスの場合は、登記すべき事項は下記のように書きます。

令和○年○月○日資産の総額変更 資産の総額金○万円

また、資産の総額がマイナス（債務超過）の場合には、登記すべき事項は下記のように書きます。

平成○年○月○日資産の総額変更 資産の総額　０円 （債務超過額　○万円）

ところで医療法人は、増資または減資をした場合であっても、登記の必要はありません。理由は、出資の総額は医療法人の登記事項ではないからです。

医療法人の登記事項は資産の総額なので、増資または減資により資産の総額が変わった場合であっても、事業年度終了後２か月以内に資産の総額を登記してください。

◆組合等登記令第３条

> 組合等において前条第二項各号に掲げる事項に変更が生じたときは、二週間以内に、その主たる事務所の所在地において、変更の登記をしなければならない。
>
> ２　前項の規定にかかわらず、出資若しくは払い込んだ出資の総額又は出資の総口数の変更の登記は、毎事業年度末日現在により、当該末日から四週間以内にすれば足りる。
>
> ３　第一項の規定にかかわらず、資産の総額の変更の登記は、毎事業年度末日現在により、当該末日から二月以内にすれば足りる。

（アンダーラインは筆者）

(6) 役員変更登記や資産総額変更登記を定期的に行っていない場合

前述したように役員変更登記と資産総額変更登記は法令で定期的に行うことが定められていますが、医療法人に詳しくない税理士だとこの役員変更登記と資産総額変更登記を定期的に行っていない場合があります。

また、役員変更登記をしていても役員の任期を２年ではなく、選任後２年以内に終了する事業年度のうち最終のものに関する定時社員総会の終結の時までと勘違いしている例をいまだに見かけることがあります。

法令で定められている登記を怠っていたり、役員の任期を株式会社と混同したりしている場合は、医療法人の基本的な知識すら欠如しているとしか言いようがありません。

なお、登記を怠ったときは、医療法第93条の規定により、医療法人の理事、監事または清算人に対して20万円以下の過料が科されますが、この過料決定の通知は裁判所から理事長の自宅に送られてきます。

過料の金額は懈怠期間等に応じて裁判所が決定しますが、以前に資産総額変更登記を約10年間怠っていた医療法人では3万円の過料決定の通知書が届きました。

第5章

税務顧問の契約変更時に実際に発覚した事例紹介

1 医療法人の設立

基本的なことですが、医療機関に対して法人設立を税理士から提案していないケースに出くわすことがあります。理由は様々あるのですが、医療顧問先の数が少なく医療機関の数字のまとめ方やアドバイスの仕方がわからず先延ばしにしてきた結果、医療法人設立までたどり着かなかった、ということが非常に多い印象です。

特に、医療法人設立については手続のスケジュール管理や多くの役所が絡むことから、税理士側が提案を避けるケースもあります。ただ、医療機関からすれば、たまったものではありません。税理士法人総合経営サービス（以下、「弊社」という）の顧問先である医療機関からの声として、医療法人設立のお願いを税理士にしても「かしこまりました」と対応するだけで明確な行動に移してくれない、いつになったら医療法人が設立されるのか明確なスケジュール提示がない、そもそも「医療法人を設立したい」と税理士に言ってみても、実際は医療機関の友人グループに情報をもらっているので、税理士から提案を受けたわけではない、もっと言えば自院が医療法人にすべきかどうかもわかっていない等、税理士に対する不満が様々聞こえてきました。

（1）医療法人設立のメリット・デメリット

医療法人設立の視点としては、①節税対策のため、②事業承継のためと大きく２つに分かれると考えられます。ここでメリット、デメリットを記載します。

	メリット	デメリット
節税対策のため	① 役員報酬の計上（給与所得控除） ② 親族による所得分散 ③ 退職金の支給 ④ 税率の差（所得税率と法人税率の差） ⑤ 生命保険契約の損金計上	① 剰余金の配当不可 ② 厚生年金への加入
事業承継対策のため	⑥ 分院展開が可能 ⑦ 法人格を利用した承継のしやすさ	

(2) 医療法人設立の事前準備

医療法人設立を検討するためには、まずはスケジュールの確認、数値のシミュレーション、理事構成の検討が必須です。医療法人設立のメリットは、個人事業で継続することとの比較により最終決定をしますが、上記で説明したメリット・デメリットを加味して最終的に院長の手元資金が増やせるかどうか、というシミュレーションをして検討をしていく必要があります。

しかし税理士によっては、通常の株式会社の設立の手順は理解しているものの、医療法人の手続はやったことがないなど、医療法人設立の特殊性を理解していない者も少なくありません。

医療法人設立の要望を受けた際にシミュレーション作成のために対応すべきことは、

① 所得税確定申告書から税額軽減額の確認
② 借入返済予定表から引き継ぐべき借入の確認
③ 医療法人に引き継ぐべきリース契約の確認

等があります。

顧問先から依頼があった際の初動対応であっても最低限の確認事項としてこれらの動きを見せていない税理士がいるとすれば、医療法人設立に慣れていない可能性があるので注意しておきたいところです。

①の所得税の確定申告書から税額軽減額の確認ですが、上記で示した医療法人設立のメリットをどれだけ享受できるかを確認してから進める必要があります。

②と③については、通常の株式会社の設立では出てこない論点で、引き継ぎの確認が手続上必要になってきますので、引き継ぎが可能な借り入れ・リース契約なのかを事前に確認しておきましょう。

(3) 医療法人設立のシミュレーション

簡単に税額軽減のシミュレーションをすると、下記のようになります。

【個人事業主と医療法人の課税比較（例）】

【個人事業主】

個人事業の所得	3,000 万円
所得控除	400 万円
所得税	780 万円
住民税	260 万円
税負担計	1,040 万円

【医療法人】

医療法人での役員報酬（医療法人の所得とイコールとする）

院長　1,500万円　奥様1,000万円　子500万円

（所得控除はそれぞれ400万円、48万円、48万円とする）

医療法人での税負担	均等割	7万円
個人としての税負担	所得税	263万円
	住民税	191万円
	社会保険料	420万円
	税負担計	881万円

（例）の内容としてはメリット①で示した役員報酬の給与所得控除と、メリット②で示した親族による所得分散を利用したシミュレーション結果となります。すべてのメリットを使用しているわけではありませんが、この時点で159万円の節税メリットがあることがわかります。もちろんメリットをすべて加味したシミュレーションではないので、いかにメリットを適用できるのかを再度確認して、さらなるメリットの上積みを検討したうえでシミュレーションを作成し提示するとよいでしょう。

社会保険料の負担を考えると、ある程度の所得が見込まれる医療機関は医療法人設立を検討すべきです。また、医療法人設立を税理士に要望したが先延ばしにされている医療機関の話を聞いた時には、上記のような簡易的なシミュレーションすらも見たことがないという声がほとんどでした。あくまで一例ではありますが、メリットを数字で示すことで結果が目に見えてわかるので、数字で示して提案するのがよいでしょう。

次項は実際に医療法人設立で、医療機関の困ったという声をまとめたものです。1つでも該当することがないか確認してみましょう。

2 医療法人化の提案をしていなかった事例

(1) 税理士側に医療法人設立のノウハウがないので、MS法人設立で医療法人設立をうやむやにされた事例
(2)「医療法人設立は手続が増えるし、そもそもメリットがない」という税理士の一点張りで一向に対応してくれなかった事例
(3) 持分なし医療法人設立では、残った財産はすべて国に納めなければならないとして、医療法人設立をしないほうが良いと税理士に説得されてしまった事例
(4) 遠方にいる親族では理事になれないので医療法人設立を税理士に断られた事例

(1) 税理士側に医療法人設立のノウハウがないので、MS法人設立で医療法人設立をうやむやにされた事例

先述したとおり、株式会社の設立の方法は理解していても、医療法人設立のノウハウを持っていなかった場合にこのようなことが発生してしまいます。もちろん、所得の大きさによっては医療法人設立よりも、医療個人＋MS法人という枠組みのほうがメリットがあるケースもありますが、本件はそうではありませんでした。単純なシミュレーションを行っただけでも、医療法人設立でのシミュレーション効果のほうが大きかったのです。加えて、MS法人の設立費用や毎年の申告代金を通常より多く請求されていたようでした。

以上のことから、医療機関としても税理士に説明を求める際は数値でシミュレーション結果を示してもらい、最低限個人事業のまま続けたほうがメリットがあるのか、それともMS法人を設立したほうがよいのか、はたまた医療法人を設立したほうがよいかの説明を

受けてから最終的に意思決定を行う必要があります。

(2)「医療法人設立は手続が増えるし、そもそもメリットがない」という税理士の一点張りで一向に対応してくれなかった事例

この場合は、早急にセカンドオピニオンを求めるべきです。知り合いの医療機関に税理士を紹介してもらい、法人設立にメリットがないというアドバイスが正しいのか、客観的に判断してもらうのも1つの手です。もちろん、税理士側としてはシミュレーションした結果「メリットがない」と言っている可能性もありますが、メリットがないことをいかに納得感のある形で医療機関に説明することも税理士の責任です。

弊社の事例では、(1)の事例同様、医療法人設立のノウハウを持っていなかった税理士が自分の権威を保つために「メリットがない」と言い続けていたようでした。また、決算が終わった後の県庁への事業報告書の提出等、医療法人に比べ手続が増えることは間違いないのですが、セカンドオピニオンとしてシミュレーションを行った結果、節税メリットも享受でき、事業承継の問題も解決できるという結論に至りました。それらの医療法人としてのメリットと、手続が増えるなどのデメリットを比較検討して進めるべきです。

(3) 持分なし医療法人設立では、残った財産はすべて国に納めなければならないとして、医療法人設立をしないほうが良いと税理士に説得されてしまった事例

本件は、医療法人のメリット・デメリットの説明を適切に受けていたが、税理士側の誤ったアドバイスのために、医療機関が医療法人設立に二の足を踏んでしまった事例です。

平成19年の医療法改正以降に設立された医療法人は持分がない医療法人となり、残余財産を国庫に返納する規定にはなっています。この規定が定められて以降、医療機関側においても、税理士側においても、誤った認識が流布されてしまっているようで、ひどい時には「国に財産を取られるらしい」という間違った噂に形を変えて医療法人設立を毛嫌いしている医療関係者に遭遇することもあります。

しかし、これは誤りです。残余財産が残らないようにするための方法としてはいくつか存在します。

①　退職金の支給
②　退職金支給後、清算事業年度で役員報酬を支給する
③　その他の医療法人に財産を引き継いでもらう

等の方法が存在するため、医療法人で財産が国に持っていかれてしまうといった都市伝説を信じるのはやめましょう。

(4) 遠方にいる親族では理事に入れられないので医療法人設立を税理士に断られた事例

医療法人設立には理事３名が最低必要とされますが、都道府県によっては「理事が遠い場所にいては理事会を開催できない」、「理事が高齢では医療法人の継続性を担保できない」と指導されることがあります。しかし、本指導は法律に則って行われた指導ではなく、あくまで役所内で引き継がれてきた秘伝のたれのようなもので根拠がないことがあります。それを税理士側が鵜呑みにし、医療機関に誤った指導をしてしまい、医療機関が医療法人設立に消極的になってしまったというケースです。

現在はテレワークも進んでいて、遠くにいることで理事会を開くことができないというのは理論上考えられないにもかかわらず、そのような指導を鵜呑みにした結果、医療法人設立が実現しない事態に陥ってしまった事例でした。

3 MS法人の設立

多くの医師や歯科医師とお会いしてきましたが、先生方が所属する友人グループの中には都市伝説的な情報を発信してしまう方もいます。MS法人ひとつとってもそうです。「MS法人神話」というものが存在し、「MS法人は必ずメリットが出る」と信じて疑わない方もいますが、検討したうえで設立まで進んで欲しいものです。また、いたずらに設立されたMS法人について、専門家の私たちの目を通した時には、税理士の税務顧問料の上乗せのためであったり、銀行が融資をしたいがための設立提案だったりするので、本当に医療機関目線に沿った提案になっていないものもあります。このことから、医療機関としても正しい情報を得ることに努めなければなりません。また、医師、歯科医師の先生方も「先輩医師がこう言っていた」「セミナーでこう聞いた」というアドバイスに加えて、それが自院が当てはまる情報なのかという見極めも必要になってきます。

医療機関が税理士に言われるがままMS法人を設立してしまっているケースも多く、本来は正しい説明を受けて設立に踏み出すべきです。税理士との打合せを密に行いMS法人設立が本当に自院にとってメリットがあるのか、やりたいことが実現できるのか、納得するまで検討を重ねるべきです。

(1) MS法人設立のメリット・デメリット

メリット	デメリット
① 業務委託費等により業務分散や、所得分散が可能となる ② 医療法人では行えない事業を行うことができる	① 事業税の発生 ② 法人運営費用の増加 ③ 従業員等関係者への説明等

メリット	デメリット
③　不動産譲渡等による相続税対策が可能となる ④　利益の配当が可能　等	

先述した「MS 法人神話」でよく言われるのは、節税効果が高いという情報です。実際には医療法人の事務運営などを MS 法人に委託し、業務委託費等で医療法人と MS 法人とで所得分散が行われるケースはあります。ただし、MS 法人設立そのものが節税効果があると誤認している場面にもしばしば出くわすので、今回は実際簡易的にシミュレーションを行いメリットが出るかどうか確かめていくこととします。

(2) MS 法人設立のシミュレーション

（単位：円）

【医療法人単体】消費税簡易課税　自費率 10%

収　入	3 億円
所　得	5,000 万円
法人税等	1,600 万円
消費税	150 万円
納税額計	1,750 万円

【MS 法人単体】消費税簡易課税

収　入	3,000 万円
所　得	300 万円
法人税等	80 万円
消費税	150 万円
納税額計	230 万円
医療法人＋ MS 法人納税額計	1,980 万円

【医療法人のみ（医療法人＋MS法人合算）】
（業務委託費30,000,000円、消費税簡易課税、自費率10%）

収　入	3億円
所　得	5,300万円
法人税等	1,725万円
消費税	150万円
納税額計	1,875万円

納税の差としては、「医療法人単体＋MS法人単体」の納税額のほうが医療法人のみの納税額を105万円上回る結果となり、節税目的であれば本件は医療法人単体で運営したほうが納税額は小さくなる、という結果となります。理由として、MS法人に消費税がかかってきてしまうことと、医療法人では事業税の軽減規定が適用されるためです。あくまで一例ではありますが、MS法人を設立したことがそのまま税メリットにつながると考えてはなりません。もちろん上述したメリット①のように、親族がMS法人の役員に就任することによる所得分散効果を図る方法であったり、また、税メリットではなくメリット②に記載したような医療法人では運営できない事業を行うためにMS法人を設立する、ということも通常考えられるので、MS法人設立を否定するものではないことを申し添えておきます。

次に示すのは、税理士と医療機関との間で十分な説明が行われなかったことにより、MS法人設立後トラブルになった事例を紹介していきます。医療機関の皆様におかれましては、納得いくまで税理士と打合せを重ねることを強くお勧めします。

4 メリットのないMS法人が設立されていた事例

(1) MS法人の設立理由を税理士が医療機関に説明していなかった事例
(2) MS法人設立にあたって収支・納税のシミュレーションをしておらず、メリットが享受できなかった事例
(3) MS法人からの事務委託という形態にする予定が、従業員に転籍を断られてしまった事例

(1) MS法人の設立理由を税理士が病医院に説明していなかった事例

他の税理士から移ってきた病医院で、MS法人がなぜ設立されたかの経緯を全くもって知らされていなかったケースでした。3で示したような設立メリットがあるのかの説明もなく、設立経緯も全く理解しておらず、税理士の言われるままに設立まで進んでしまっていました。関与当初は、医療個人＋MS法人という２社の運営で、事務の業務委託を行う設計でしたが、弊社で上記のような数値でのシミュレーションを行った結果、医療個人＋MS法人の運営形態で進めていくよりも、医療法人設立で単体運営をしたほうがメリットが多いことがわかりました。税メリットの面だけでなく、今後親族にクリニックを承継することも検討事項としてあがってきていたため、医療個人のまま運営していくよりも医療法人設立を選んだほうがよいとの判断になりました。

(2) MS法人設立にあたって収支・納税のシミュレーションを適切にしておらず、メリットが享受できなかった事例

MS法人設立にあたり、業務委託費で所得分散を行うこともあるということは上述したとおりです。本事例のMS法人には、医療機関に直接関与しない親族を役員に入れていたのですが、その方法自体は所得分散の観点から間違ってはいません。しかし、支給する給与の額によっては、市区町村からのこども手当の不支給規定に該当したり、親世代であれば、後期高齢者医療保険が1割負担から3割負担に上がったり、シルバーパス等の割引制度が使えなくなってしまったり等、所得が上がることによるデメリットも多数存在するので、顧問先の家族の状況、要望を正しく聞きとり、給与の額を決めなければなりませんでした。

私としても、このような問題に直面したのは一度や二度ではなく、多くの税理士が顧問先に寄り添っての設計をしきれていないのだと感じました。

特にMS法人設立のみでは節税メリットが出にくくなってきているのは間違いないので、家族に迷惑がかからないことはもちろん、「MS法人設立はこんなはずじゃなかった」という結論で終わってしまうことのないように、やはり正しいシミュレーションを行うべきと感じた事例でした。

(3) MS法人からの事務委託という形態にする予定が、従業員に転籍を断られてしまった事例

MS法人設立の目的は多岐にわたりますが、医療法人の事務等の業務をMS法人に移して事務負担等の分散を図ろうとする場合には、医療法人からMS法人に従業員を転籍する必要が出てくる可能

性もあります。しかし、MS 法人を設立することが目的になってしまい、従業員説明を適切に行わなかったがために、従業員が転籍に難色を示すケースもあります。場合によっては拒否される可能性すらあります。転籍の説明をする際には、転籍させることの合理性や労働条件の保障等に言及し、従業員に納得してもらう必要があるので、事前準備を適切に行い、従業員の同意を得てから MS 法人の設立を行うべき事例でした。この MS 法人は従業員の転籍ができず、機能していない法人が放置される状態となってしまいました。

5 医療機関の開業立地の選定

医療機関の収益を大きく左右するのは、開業立地の選定です。開業立地の選定においては、賃貸不動産で事業を開始するか、もしくは不動産を購入するのか、開業については様々な検討が必要ですが、その重要な局面に関わろうとしない税理士への不満をよく耳にしてきました。顧問先医療機関のことを考えれば、開業立地、不動産、融資、内装工事等にかけるべき費用も含めて親身になって対応すべきです。しかし現実はそうではなく、顧問先の声を聴く限りでは、「融資は直接銀行に行って交渉してください」、「不動産は不動産会社に問い合わせて選定をしてもらってください」と言われ、ひどい場合には、「内容工事が終わったら（税理士である自分に）お声がけください」といったケースもあるようです。しかし、これでは経営をこれから開始する医療機関にとって不安のスタート以外何物でもありません。医療機関の立場からすれば、「適正な融資金額はいくらか」、「適正な内装費用はいくらか」、「適正な立地選定や不動産選定の基準は何か」等、疑問は尽きないものです。

また、それらの疑問を抱えたまま開業日を先行して決めてしまい、開業コンサルタントをうたう業者などに必要以上に大きな金額での内装工事代を提案され、気が付けば巨額の融資を結ばされてしまい、開業から暗雲が立ち込めている医療機関も多く見てきたのも事実です。

不動産や立地選定についても例外ではありません。これから開業される医療機関の院長は経営が初めてで、かつ、開業自体が大きな目標になっているため、何が適切なのかという判断がつかないことも多いのです。そのため、例えば適正価格の３倍の値段で融資を組まされたとしても、価格などについては「高いけどこういうものなのか」と飲み込んでしまうケースもあるのです。このようなことが起きないようにするためには、開業前から医療機関のノウハウを持っている税理士と一緒に、適正な価格の基準や、開業立地の選定などのアドバイスを受けながら、開業に備えることが望ましいでしょう。ただそのためには、医院開業についてのポイントを押さえている税理士を探すところから始めることになります。

(1) 開業立地の選定基準

立地選定については、診療圏と呼ばれる医療機関へ来院する患者の分析を行うことから始まります。この診療圏分析をせずに立地選定をしてしまうと、既存の建物であれば綺麗な建物であったり外観の良さで契約まで進んでしまう方もいるほどで、現地を見ただけで判断しないほうが圧倒的に良い立地選定ができます。新規開業する際に開業立地を考える視点とすれば､次のような考え方があります。

① 今まで勤めていた医療機関の近隣に開業
② 今まで勤めていた医療機関とは多少距離はあるがその市内等に開業
③ 全くの落下傘型での開業

という考え方があります。

①の既存医院の近隣に開業する場合は、今までの患者をある程度引き継ぎながらスタートでき、収益は上がりやすい構造となるので、比較的安定した医院経営が可能となります。既存の医院としてもメリットを享受することができ、例えば患者の分散効果が期待できたり、もしくは独立した医院との相乗効果で患者の満足度を上げたりすることが可能になる場合もあります。お互い対応していない診療科目や、得意分野も医療機関によって異なります。そのため、既存医院としても今までの患者の満足度も維持し、かつ、新しい患者も受け入れることができます。

②の多少距離をとるケースとしては、競業避止規定の関係で少し既存医院と距離をとるケースです。競業避止規定では、有効期間や距離の縛りを規定してから既存医院を退職するケースが多く存在します。その契約内容によっては、5～10 km 圏内での開業を禁止する事項が定められている場合もあり、その規定を順守しようとする場合、同市内・同区内だが多少の距離は離れている、という形に落ち着くことが多いです。ただし、競業避止義務契約で定められているからといって法律上すべて有効であるわけでもないので、弁護士のアドバイスを受けながら契約内容を吟味することも必要です。法律上有効でなくとも、既存医院との関係性を保つために契約内容をそのまま受け入れる方も多くいるように思います。

③の落下傘型での開業も、独立する形態としては少なからずあります。①②については既存医院からの患者の来院による収益は見込めますが、③の落下傘型については立ち上がりが非常に遅く、徐々に認知度が上がり、医院の経営状態が上向いてくるのです。この場合は、診療圏の調査をすることからスタートすることになります。というのも、既存医院からの収益があまり見込めない以上、その開業地の年齢層、昼間人口、夜間人口、競合クリニックの数、競合診療科目、駅から近いか、車で診療に訪れる立地か、川などで導線が分断されていないか等、立地選定をする際に見るべきポイントが多数あります。落下傘型での開業であるほど慎重にデータ収集を行わなければなりません。税理士によっては、立地選定は顧客である院長の仕事だと位置付けており、立地選定が終わったタイミングで税理士として対応する場合も見受けられます。しかし、この形では冒頭記述したとおり、融資や内装費の適正な判断基準を持たない院長に対して同様に立地選定についても投資額の回収が見込めない場所を開業地として選んでしまうと、毎月の家賃に見合わない来患数となってしまう可能性もあるので、十分に検討しておかなければなりません。

(2) 診療圏分析

診療圏の分析を行う際は一次診療圏、二次診療圏、三次診療圏に分けて分析を行うこととなります。一次診療圏は一番来患数が見込める診療圏で、医療機関を中心として半径500 mの円診療圏を指すことが多いです。こちらの分析を行ううえで自院の強みや来患してほしい年齢層等を明確にしておかないと、院長の考えとズレが生じてきてしまいます。

例えば、昼間人口が多い地域は、一般的に商業立地であることが多く、その地域には住んでいないサラリーマン等が昼間に多く集まります。そのことから、年齢層は30～60代で自費の治療を伸ばしていく、などの計画を立てて進める必要があります。この場合、立地と数値計画がかみ合っていないと訴求すべき患者様の像から外れてしまうため、ターゲットはある程度見極めて、立地と合致しているかを常々考えておかなければなりません。

逆に夜間人口が多い立地は、その地域に居住している人口が多いという分析結果となるため、ファミリー層等を中心とした治療に合わせていかなければなりません。例えば、母親と子どもが一緒に来院することが多いのであれば、母親に対して子どもの診療方針の説明が必要となるケースが多くあります。その際に、子の診療内容について母親が正しく理解できるような説明方法を準備しておく必要があります。昼間人口、夜間人口の分布や年齢層の分布などから自院の強みとどのように照らし合わせていくか、非常に大事な論点となります。

二次診療圏については、通常自院を中心として半径１ kmの円診療圏内を指すことが多いですが、こちらは他院の診療圏と重複することが多いため、競合調査をしっかりしておかないと二次診療圏からの来患数を確保することが難しい事態に陥ってしまいます。そのためにも、一次診療圏で対応すべき昼間人口・夜間人口、年齢層の分布等を分析しながら、他院と競合した際の自院の強みを前面に押し出していく必要があります。他院の診療科目と競合するかどうかの見極めも、立地選定と同時に進めなければなりません。先ほどの例になぞらえれば、自院が昼間人口を対象とした院作りをしているのであれば、夜間人口を意識した院作りをしているクリニックは競合から少し外れてくる、という考え方です。もちろん、完全に競合から外れるわけではないことを付け加えておきます。

三次診療圏については、自院を中心として半径1 kmの円診療圏外から来る患者を指すことが多いです。地域によってはこれが3 kmであったり5 kmであったりするのですが、少なくとも患者の日常の生活圏内には存在しない医院を指すことが多いです。この三次診療圏からの来院は、立地や視認性は度外視され、患者が院長に対して高い信頼性を感じているため、どんなに遠くからであってもそのクリニックで受診したいと来院します。この場合は、その院長に診てもらうことが目的となっているため、他の競合要素はすべて排除されます。もっと言えば、車で2時間以上かけて来院する患者や、飛行機等を使用して1日がかりで来院する患者もいる、それが三次診療圏からの来院となります。ただし、三次診療圏は事業計画には組み込まずに収支計画を立案するほうが良いでしょう。

これらの診療圏と患者来院見込みから立地の選定を行っていかなければなりませんが、クリニックの数字は一次診療圏からの患者様で6〜7割、二次診療圏の患者様で2〜3割が占められるため、通常はこれら一次、二次の診療圏からの来患数を予測したうえで経営方針を決定することとなります。

6 病医院の開業立地について理解していなかった事例

(1) 駅から近い立地を選んだが、周辺に競合クリニックが非常に多く、また診療科目でも競合していたため、家賃ほどの収入も得られなかった医療機関
(2) 開業コンサルタントに診療圏分析を行ってもらい開業場所を決めてもらったが、患者の導線が理想とかけ離れてしまい予定していた来患数を大きく下回ってしまった医療機関
(3) 車で来院する立地を選んだが、視認しにくい曲線道路沿いに開業してしまい駐車のしにくさから来院を避けられてしまっている医療機関

(1) 駅から近い立地を選んだが、周辺に競合クリニックが非常に多く、また診療科目でも競合していたため、家賃ほどの収入も得られなかった医療機関

こちらは現地調査をした際に立地の良さに魅せられてしまい、データ分析を怠ったために起きた事象です。開業立地を選定する際は、現地調査に加えデータでの分析も必須ですが、駅周辺の競合クリニックの数や診療科目の調査を怠ったまま開業したため、駅近くの立地としては来患数が予測を下回り、好立地であるだけの家賃を賄いきれなかった事例でした。立地選定においては現地調査に加え、診療圏分析により人口調査、競合調査は必ず行わなければなりません。

(2) 開業コンサルタントに診療圏分析を行ってもらい開業場所を決めてもらったが、患者の導線が理想とかけ離れてしまい予定していた来患数を大きく下回ってしまった医療機関

現地調査、データ分析ともに行っていたが、診療圏調査書上の分析が現地の立地状況を正しく反映していなかったために起きた事象です。具体的に、川や線路などで導線が分断されているケースです。開業コンサルタントが出してきた分析指標に則って開業場所を選定しましたが、診療圏が分断されていることをデータに反映できておらず、データ分析で算出された来患数には到底及びませんでした。

(3) 車で来院する立地を選んだが、駐車のしにくい立地で来院を避けられてしまっている医療機関

都心部から少々離れた立地になってくると、車での来院が通常となります。よって、車の到達圏での調査が必要になってきます。例えば半径3 km の円診療で調査するよりも、自院を中心として車で15分圏内の立地を一次診療圏とするなどの分析指標の変更も必要です。データ分析上では、昼間人口・夜間人口、年齢層の分布などを正しく加味して開業場所を選定しており、医院としては高齢者も通えるクリニックを目指していました。

しかし、曲線道路沿いを立地として選定してしまったため駐車が非常に困難となってしまい、場所自体は良いのですが、車の運転に不安を覚える年齢層が寄り付かなくなってしまいました。そのため来院数が伸びなかった事例です。

第6章

顧問税理士は病医院経営について適切なアドバイスをしているか

1 個別指導・平均点数・立入検査をきちんと理解しているか

（1）個別指導に詳しい税理士は少ない

個別指導の結果によって保険医療機関が取り消される可能性があるだけでなく、多額の自主返還を求められる可能性もあるので、税務調査よりも個別指導を嫌がる病医院経営者は多いです。特にベテランの病医院経営者ほど個別指導を嫌う傾向があります。

税務調査で自殺した病医院経営者の話は聞いたことはありませんが、個別指導で自殺した病医院経営者は実在します。

特に保険診療が中心の病医院の場合は、生殺与奪の権を地方厚生局が握っていると言っても過言ではありません。

これほど病医院にとって重大な影響がある個別指導なのに、医療専門等とうたう税理士ですら基本的な知識すらないないものが多く、個別指導についてアドバイスできる税理士はごく少数なのが現状です。

（2）個別指導とは

保険医療機関に対する指導には、「集団指導」、「集団的個別指導」、「個別指導」、「新規個別指導」があります。ほかにも適時調査も行われますが、本書においては適時調査の説明は紙面の都合で省略します。

指導の根拠となる法令は、健康保険法第73条、船員保険法第59条、国民健康保険法第41条、高齢者の医療の確保に関する法律第66条です。

次に指導の基本的方針を定めた「指導大綱」（平成７年12月22日・保発第117号）と「指導大綱における保険医療機関等に対する指導の

取扱いについて」（平成7年12月22日・保険発第164号）があります。

法令は当然ですが、上記の大綱と通知も厚生労働省のウェブサイトに公開されていますが、個別指導・監査については情報の公開がとても消極的で公開されていない資料が多数あります。例えば、厚生労働省保険局で過去に行われた個別指導に関係する検討会は原則非公開ですし、医療指導監査業務等実施要領といった資料も公開されていません。

図表6－1　医療指導監査業務等実施要領

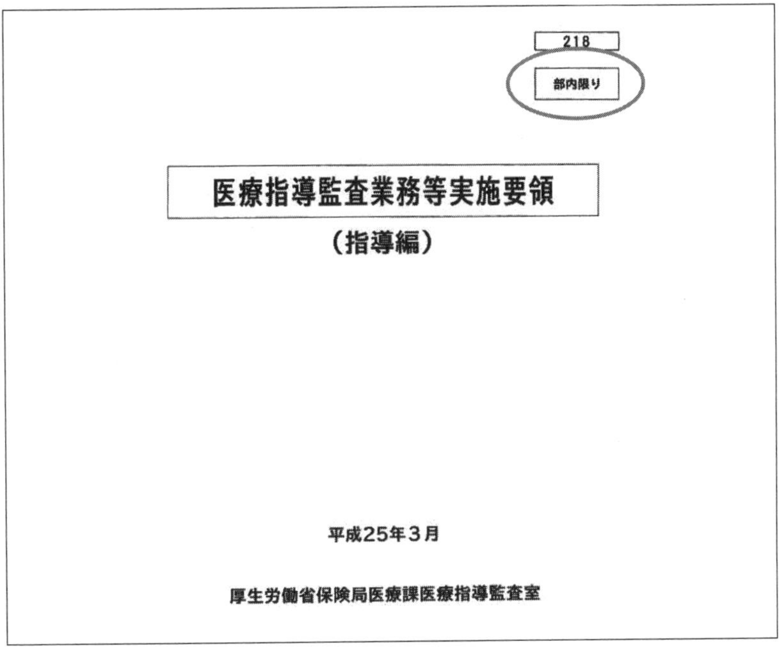

218

部内限り

医療指導監査業務等実施要領

（指導編）

平成25年3月

厚生労働省保険局医療課医療指導監査室

（丸は筆者）

この医療指導監査業務等実施要領の一部の不開示に対して開示すべきと異議申立が行われたこともありますが、異議申立は棄却されています。ほかに「指導大綱実施要領」という資料も、個別指導においてとても重要なのに原則として公開されていません。

このように個別指導の実態はほとんどがブラックボックス化されていますが、公開されてる範囲のことだけでも知っておく必要があります。

①　集団指導

集団指導は保険診療の取扱い、診療報酬請求事務、診療報酬の改定内容、過去の指導事例等について、講習、講演等の方法により行うものです。

後述する集団的個別指導と違い、集団指導は欠席してもペナルティはないとされていますが、集団指導についても可能な限り参加すべきです。

集団指導は新規指定時、診療報酬改定時に行われます。これは指導大綱にも明記されています。新規指定時の集団指導は、新規指定を受けてから概ね１年以内にすべての保険医療機関等を対象として実施されます。

②　集団的個別指導

集団的個別指導は、指導対象となる保険医療機関等に対して、教育的観点から実施し、レセプト１件あたりの平均点数が高いことを認識させ、保険診療に対する理解を一層深めさせることを主眼として行われるもので、対象となる保険医療機関等を一定の場所に集めて、共通的な事項について行う集団部分と、個別に面接懇談方式で行う個別部分による講義形式により行うものです。後述する個別指導と違い面接懇談方針で行う個別部分も個室ではなく広い会場を簡易なパーテーション等で区切る程度なので、周りの会話が聞こえてしまうそうです。

集団的個別指導の対象となる保険医療機関等は、下記の基準で選定されます。

レセプト1件あたりの平均点数が次の都道府県の平均点数の一定割合を超えるもの
・医科病院の場合は1.1倍
・医科診療所、歯科病院および診療所、薬局の場合は1.2倍
かつ、
・前年度および前々年度に集団的個別指導または個別指導を受けた保険医療機関等を除き、類型区分ごとの保険医療機関等の総数の上位より概ね8%の範囲のものが対象となる。

集団的個別指導の通知があったときは必ず出席してください。正当な理由がなく集団的個別指導を拒否すると個別指導の対象になってしまいます。

③ 個別指導

個別指導は、保険医療機関等がもっとも嫌う指導の1つです。個別指導で指摘を受けた項目について診療報酬を返還（自主返還）することを求められますし、場合によっては保険医療機関等の指定が取り消される可能性もあるからです。

個別指導は原則として、病院は病院内において、診療所および薬局は地方厚生局の事務所・会議室等で行われます。つまり、病院は技官や事務官等が病院にきて、診療所と薬局は指定された場所に出向きます。

また、原則として指導月以前の連続した2か月分のレセプトに基づき、関係書類等を閲覧し、面接懇談方式により行われます。指導対象となるレセプトの件数は30人分です。

指導時間は、指導の目的が果たせる時間とし、原則として診療所および薬局は2時間、病院は3時間とされています。

【都道府県個別指導の選定基準】

(1) 都道府県個別指導

① 支払基金等、保険者、被保険者等から診療内容または診療報酬の請求に関する情報の提供があり、都道府県個別指導が必要と認められた保険医療機関等

② 個別指導の結果、第７の１の (2) に掲げる措置が「再指導」であった保険医療機関等または「経過観察」であって、改善が認められない保険医療機関等

③ 監査の結果、戒告または注意を受けた保険医療機関等

④ 集団的個別指導の結果、指導対象となった大部分の診療報酬明細書について、適正を欠くものが認められた保険医療機関等

⑤ 集団的個別指導を受けた保険医療機関等のうち、翌年度の実績においても、なお高点数保険医療機関等に該当するもの（ただし、集団的個別指導を受けた後、個別指導の選定基準のいずれかに該当するものとして個別指導を受けたものについては、この限りでない。）

⑥ 正当な理由がなく集団的個別指導を拒否した保険医療機関等

⑦ その他特に都道府県個別指導が必要と認められる保険医療機関等

（厚生労働省「保険医療機関等及び保険医等の指導及び監査について」）

④　新規個別指導

新規個別指導は、厚生労働省のウェブサイトに公開されている「指導大綱」や「指導大綱における保険医療機関等に対する指導の取扱いについて」には記載がなく、法的根拠のない指導と言わざるを得ませんが、実際には新規個別指導は行われています。

新規個別指導は、個別指導と違う点がいくつかあります。

原則として指導月以前の連続した2か月分のレセプトに基づき、関係書類等を閲覧し、面接懇談方式により行われるのは同じですが、指導対象となるレセプトの件数は診療所および薬局は10人分程度、病院は20人分程度と少なく、指導時間も原則として診療所および薬局は1時間、病院は2時間とされています。

さらに大きな違いは、自主返還です。個別指導は返還事項に係る全患者の指導月前1年分のレセプトについて自主返還が求められますが（ただし、施設基準の返還の場合は最大5年とされている)、新規個別指導では指導対象となったレセプトについてのみ自主返還を求められます。

【新規個別指導と個別指導の主な違い】

実施通知	新　規	指導日の3週間前を目途に通知
	既指定	指導日の3週間前を目途に通知
患者名の通知	新　規	指導日の4日前に、診療所は10名分、病院は20名分をFAXで連絡する。
	既指定	指導日の4日前に、診療所は15名分、前日に15名分をFAXで連絡する。
指導実施時間	新　規	原則として診療所は1時間、病院は2時間とする。
	既指定	原則として診療所は2時間、病院は3時間とする。
自主返還	新　規	対象レセプト分のみの返還を求める。
	既指定	指導月前1年分を求める。ただし、施設基準の返還の場合は最大5年とする。
次段階への移行の教示	新　規	正当な理由なく拒否した場合は、個別指導を行う。
	既指定	正当な理由なく拒否した場合は、監査を行う。

（「医療指導監査業務等実施要領」と「指導の取扱いについて」（日本医師会から各都道府県医師会宛に平成22年6月4日に通知）をもとに作成）

ところで、保険医療機関を新規に開設すると新規個別指導が必ず行われると信じている方が結構いますが、新規個別指導は必ず行われるとは限りません。新型コロナウイルスがまん延する前の「平成30年度医療施設（動態）調査」によると、平成29年10月～平成30年9月までに新規に開設（再開を含む）された病院は76施設、一般診療所は7,574施設、歯科診療所は1,541施設でした。

これに対し「平成30年度における保険医療機関等の指導・監査等の実施状況」によると、医科の新規個別指導は2,355件なので、割合は2,355件÷(病院76施設＋一般診療所7,574施設)×100＝30.78%です。

歯科の新規個別指導は1,533件なので、割合は1,533件÷歯科診療所1,541施設×100＝99.48%です。

新型コロナウイルスの影響で、最近は新規個別指導の実施率が低いですが、平時であれば、歯科は新規に開設された診療所のほぼすべてに対して新規個別指導が行われているのに対し、医科は30.78%と、新規個別指導が行われないところのほうが多いことがわかります。

(3) 平均点数について

前述したように都道府県個別指導には7つの選定基準がありますが、このうち3つは集団的個別指導が関係しており、情報の提供（いわゆるタレコミ）を除けば集団的個別指導を受けないことが個別指導を回避するポイントとなります。

このため多くの保険医療機関は、集団的個別指導の対象となることを嫌います。紙面の都合上診療所の対応についてのみ簡単に説明すると、レセプトの平均点数が都道府県の平均点数より1.2倍以上であり、かつ、類型区分ごとの概ね上位8%以内だと、集団的個別指導の対象となる可能性が極めて高くなります。

したがって、集団的個別指導の対応は何よりもまず都道府県の平均点数を把握することが重要です。都道府県の平均点数は、地方厚生局のウェブサイトにその管内の各都道府県の診療科別平均点数が掲載されています。

図表６－２　各都道府県の診療科別平均点数

管内各都県の保険医療機関等の診療科別平均点数について

令和4年度

茨城県（PDF）	栃木県（PDF）	群馬県（PDF）	埼玉県(PDF)	千葉県（PDF）
東京都（PDF）	神奈川県（PDF）	新潟県（PDF）	山梨県（PDF）	長野県（PDF）

- 集団的個別指導及び個別指導の選定の概要について（PDF）
- 管内各都県の保険医療機関等の診療科別平均点数についてのお問い合わせ先は、管轄する各都県事務所（埼玉県は指導監査課）になります。

（関東信越厚生局のウェブサイトより抜粋）

ところで、保険医療機関に対する指導は被用者保険、国民健康保険、後期高齢者医療制度が対象です。以前に集団時個別指導を避けるために点数を抑えようとした診療所が、労働者災害補償保険や自動車損害賠償責任保険などの自由診療も抑えてしまったケースがありますが、これは平均点数に全然関係なく、ただの減収です。

さらに平均点数はあくまで被用者保険、国民健康保険、後期高齢者医療制度のレセプトをもとに算出されるので、生活保護などの公費医療も平均点数とは関係ありません。

最後に、ここでいう平均点数とは、レセプト１件あたりの平均点数のことです。以前に患者１人（１日あたり）あたりの平均点数と勘違いしていた方がいたので念のため書いておきます。

（4）立入検査とは

診療所の院長から「指導が来る！大変だ！」と慌てて連絡をもらうことがありますが、よく話を聞いてみると、医療法第25条に基づく立入検査（医療監視ともいう）ということがよくあります。

なお、病院は個別指導や立入検査が数年おきにあるため慣れているらしく、診療所のように慌てるという話はあまり聞きませんし、個別指導と立入検査を間違うこともないようです。

立入検査は、医療法第25条に基づき保健所が行う医療機関への調査のことで、人員基準、衛生状態、診療録、その他の帳簿書類に関する調査が行われます。立入検査のことを「医療監視」ともいい、監査と言葉がよく似ていますが、まったく別物です。立入検査で診療報酬の自主返還を求められることはありませんし、保険医療機関が取り消されることもありません。

病院は原則として年1回立入検査が実施されますが、診療所に対しては新規開設や通報（いわゆるタレコミ）等特別な事情がない限り、あまり立入検査は行われていません。ただし、診療所への立入検査を概ね5年に一度実施することになっている県もあり、都道府県によって地域差があります。

立入検査の法的根拠は医療法第25条ですが、詳細は「医療法第25条第1項の規定に基づく立入検査要綱」（以下、「立入検査要綱」という）に定められています。この立入検査要綱は、厚生労働省医政局から地方自治法への技術的な助言であるとされていますが、各都道府県はこの立入検査要綱に基づいて立入検査を実施しているので、とても重要です。

そして厚生労働省医政局は、ほぼ毎年「医療法第25条第1項の規定に基づく立入検査の実施について」という通知を出しています。毎年度の立入検査の実施にあたっての留意事項をまとめたものなので、この通知だけでも立入検査の事前通告があった医療機関は必ず確認することをお勧めします。

本書に書いた個別指導、平均点数、立入検査の情報は基礎の基礎といえることばかりなので、医療専門等とうたう税理士であれば本書に書かれている程度のアドバイスはあって当然といえます。

特に個別指導を回避するためには、集団的個別指導の対象とならないことが重要であることと、集団的個別指導の対象とならないためには平均点数が重要であることを理解しておくべきです。

❷ 医療法人の事業承継について適切なアドバイスを受けているか

(1) 親族内承継でもっとも大切なのは社員の構成

事業承継には親から子どもへの親族内承継と、他人に経営権を譲渡する親族外承継があります。

病医院の場合は、M＆A（Mergers and Acquisitions（合併と買収）の略語。事業譲渡の意味として使われている）の相談も徐々に増えていますが、それでもまだ親族内承継のほうが多いように感じます。

医療法人の親族内承継でもっとも大切なのは、社員の構成です。「理事長が法人の支配権を持っている」、「理事長が法人のオーナーである」と勘違いしている方がいますが、**第３章❹「社員と理事の違いをきちんと理解しているか」**で説明したように、医療法人の支配権は社員が持っています。

ですから私は、医療法人の財産権とは、最低でも過半数以上の社員の構成員を確保し続けることだと言い続けています。

医療法人の財産権とは、出資持分権のことだと考える方も多いと思いますが、出資持分権は医療法人が出資持分のない医療法人または出資額限度法人に移行した場合は、最大でも額面までの払戻ししか受けられませんし、出資持分のある医療法人のままであっても支配権には一切関係ないうえに配当の支払いも受けられず、払戻しも社員退社時・死亡時・残余財産確定時しか受けられないので、財産権の行使には制限が多い資産といえます。

また、財産権の行使には制限が多いにもかかわらず、出資持分権所有者が死亡したときは多額の相続税が課される可能性があるのでやっかいな財産ともいえます。

しかし、社員の構成員は社員総会での議決権があるので、役員を選任することができますし、定款の変更もできるので、医療法人の経営権を選択できる権限があります。この重大かつ明白な事実を知ってか知らずかわかりませんが、「理事長が法人の支配権を持っている」「理事長が法人のオーナーである」と説明する税理士がいるのには驚きです。

さらに以前は、相続税を節税するために特定医療法人への移行を勧めていた税理士がいましたが、私は当時から特定医療法人は社員の構成に親族等の占める割合が社員総数の３分の１を超えないことという同族要件があることから反対しています。

出資持分のある医療法人である限り相続税の納税を免れることは難しいですが、それでも納税額を少なくする対策はできます。それに対し、社員の構成員の３分の２以上を非同族が占めてしまうと医療法人の経営権を失うと警告しています。例えるなら、金の卵に固執するあまり、金の卵を産むニワトリを放棄するようなものです。

相続税を節税するために特定医療法人への移行を勧めていた税理士は、信頼できる税理士や弁護士などを社員にすることで対応は可能と言っていたようですが、実際に乗っ取りにあっている病院は多くが特定医療法人だと聞いています。特定医療法人はそもそも社員の構成員の３分の２以上が非同族ですし、出資持分権も放棄済みのうえに、病院の建物も特定医療法人が所有しているケースが多く、簡単に乗っ取りが可能だからです。

そして乗っ取りのキーマンは、大抵は社員となっている税理士や弁護士等の第三者です。乗っ取る側はいろいろな理由をつけて理事長側を批判し、第三者の社員を味方につけると聞いています。

ところで、兄弟姉妹全員を社員にすることも、将来的なリスクを抱えています。「うちの病院は兄弟姉妹を社員にしているが問題など起きていない」、「うちの子どもは仲が良いので大丈夫」という病院経営者がいますが、ほとんどは両親が共に亡くなった後に問題が表面化してきます。

ですから私は講演でも、「相続対策で上手くいったケース」を紹介したことはありません。理由は両親のどちらかが存命だからです。両親共に亡くなって数年経ってもなお争いがないのであれば、「上手くいったケース」と言っても良いと思いますが、両親のどちらかでも存命の場合は、「上手くいく可能性があるケース」としか言いようがありません。

しかし、私は講演で「相続対策で失敗したケース」はよく紹介します。これは既に失敗が確定しているからです。

例えば、兄弟姉妹全員を社員にしていたところ理事長となった兄以外の全員が社員を退社して出資持分払戻請求をしてきたケースや、妻と子どもを社員にしていたところ妻と離婚したことで理事長の座を追われたケース、長男にすべての出資持分を相続した後に長男が急死していまい長男の妻と子どもから医療法人の全財産に相当する出資持分払戻請求をされたケースなど、失敗したケースは数多くあります。

ですから親族内承継であっても、社員の構成員は慎重に選ぶ必要があります。少なくとも、兄弟姉妹全員を社員にすることはお勧めできません。

(2) 子どもが医師（歯科医師）であっても後継者とは限らない

病医院経営者の多くは子どもが医師（または歯科医師。以下「ドクター」という）だと後継者になると信じ切っていますが、子どもがドクターだからといって後継者とは限りません。

まず無床クリニックの場合は、子どもの生活基盤が既にできていることが多く、かなりの確率で後を継ぎません。特に無床クリニックが地方にあって子どもの生活基盤が都市部にある場合は、その傾向が顕著です。

なお、無床クリニックは開業規制がないことも後を継がない理由となっています。有床クリニックおよび病院（以下、「病院」という）の場合は、新たな病床を確保することが難しいため後を継ぐ意思をみせる子どもは多いですが、医療法人の債務の金額を知ると後を継ぐのを拒否するケースがかなりあります。

親（病医院経営者）からすると、債務の中には子どもを医学部に通わせるために借りた分も含まれているので継ぐのが当然と考える方もいますが、子どもからすると「そんなの関係ない」となります。特に年収の倍以上の借入金（例えば、年収10億円の病院で20億円の借入金）がある医療法人だと、子どもが俗にいう“どん引き”することが多いようなので、親族内承継を考えている病医院は健全な財務状態になるよう心がける必要があります。

(3) 医療法人のＭ＆Ａのポイント

医療法人が開設している医療機関をＭ＆Ａする場合は、医療法人格を引き継ぐ場合と、引き継がない場合があります。引き継がない場合は医療機関のみの売買となります。

しかし、他者が作成したＭ＆Ａの契約書には、医療法人格を引き継ぐのか引き継がないのかはっきりしないものや、医療法人格を引き継がないのに医療法人格を引き継ぐ契約書式を真似て作成しているもの、たったひと言「売買代金は×××万円」とするしか書かれていないものがありました。

このような杜撰ともいえる契約書でＭ＆Ａを行うと、後日トラブルになる可能性が極めて高いです。どこまでが売買契約の範囲なのか、消費税は税込なのか税抜なのか、リース契約などの既存債務を引き継ぐかどうか等、トラブルの原因はいろいろあります。

医療法人格を引き継ぐ場合は、しっかりと債務を確認する必要があります。帳簿に計上されている債務はすぐに確認できますが、それ以外の簿外債務（決算書に計上されていない債務）や債務保証をしていないかなどを綿密に調査する必要があります。

さらに在職中の職員に対しては、今までの就業規則、賃金規程、退職金規程などをすべて引き継ぐことになりますので、安易な解雇はできませんし、退職金を支給する条件で雇用している場合は、積立金があるなしにかかわらず支払う義務があります。

医療法人格を引き継がない場合は、売り手の医療法人は医療機関を廃止して、買い手が新規開設の手続を行う必要がありますが、病院の場合には病床設置の許可申請をやり直さなければならないので注意が必要です。病床過剰地域などでは病床設置の許可がおりないおそれもあるので、必ず都道府県との事前相談が必要となります。

したがって、病院をM＆Aするときは医療法人格を引き継ぐ場合が多いので、一般的に行われる損益と資金繰りの状況の確認、簿外債務や偶発債務などの存在の確認、外来・入院患者の分析、診療圏調査等のほかにも、病棟の増改築ができるかの確認、施設基準の届出状況の確認、棚卸資産や固定資産等の現況の確認、旧経営陣が選定した取引会社の確認などを行う必要があります。

旧経営陣が選定した取引会社との契約内容等を確認をする理由は、病院は取引会社から旧経営陣へ何らかの形でバックリベートを支払っているか、旧経営陣に対して何らかの便宜を図っているケースが多いからです。

バックリベート等が支払われるということは、当然他業者に比べると割高な契約になっていますので、契約を見直すか業者を選定し直す必要があります。

この時に注意してほしいのは、契約内容です。悪質な場合、契約を解除するためには多額の違約金を支払うと定めているものもあり、病院買取後に思わぬトラブルが発生する場合があります。

このようなリスクを回避するためにも、事前に取引会社の実態や、契約成立に至った経緯を調べることをお勧めします。

上記以外にも、M＆A反対派や非協力的な社員がいるか等の病院支配権に関する確認、医療現場をまとめているキーマンである医師や看護師などの確認、患者との間で何らかのトラブルが発生していないかの確認など、M＆Aにあたり確認すべき事項はたくさんあります。

(4) M＆Aと居抜譲渡

人によって定義は異なると思いますが、一般的にはM＆Aは稼働中の医療機関の売買を指します。したがって、建物や医療機器等の設備だけでなく、来院中の患者やスタッフも含めて承継します。

M＆Aの場合、売り手は借入金の残額に加えて営業権を請求してくることが多いです。知名度がある場合や多くの患者が来院している場合は営業権を評価することが多いですが、借入金より資産価値が低い場合や知名度どころか悪いイメージが地元に定着しているような場合もあるので営業権を必ず評価するとは限りません。

これに対し、居抜譲渡とは、前の医療機関が使っていた内装や医療機器などが残っている状態で譲渡することで、「居抜物件」ともいいます。M＆Aとの違いは、M＆Aは稼働中の医療機関であることに対し、居抜譲渡はわずかな期間であっても休診している状態で譲渡します。居抜譲渡の場合も患者情報を含めて譲渡する場合が多いですが、休診している期間があるため、患者に対してリニューアルオープンのお知らせを出す程度しかできず、患者が以前のように来院してくれる保証はありません。

ですから居抜譲渡の場合は、建物や医療機器等の設備だけの売買に近いと考えてください。中には居抜譲渡なのに営業権を要求してくる売り手もいますが、よほど短期間の休診期間でない限り営業権はありません。

このような基本的な違いすら理解していないブローカーや仲介業者がたくさんいるのが、医療法人のM＆A市場の現状です。

(5) 休眠中の出資持分のある医療法人には注意が必要

平成19年4月以降は医療法が改正されて出資持分のない医療法人しか設立できないので、それ以前に設立された出資持分のある医療法人は人気が高く、出資持分のない医療法人に比べると500～1,000万円程高い金額で売買されているようです。

しかし、休眠中の出資持分のある医療法人は注意が必要です。

医療法第65条は、「都道府県知事は、医療法人が、成立した後又は全ての病院、診療所、介護老人保健施設及び介護医療院を休止若しくは廃止した後一年以内に正当の理由がなく病院、診療所、介護老人保健施設又は介護医療院を開設しないとき、又は再開しないときは、設立の認可を取り消すことができる。」と定めており、何年間も休眠している医療法人を買い取っても設立認可が取り消される可能性があるからです。

実際に休眠中の出資持分のある医療法人を800万円で買い取った後に都道府県に対して定款変更認可申請をしたところ、定款変更どころか設立認可が取り消されたケースについて相談を受けたことがあります。

売り手は認可されるとは言っていないと逃げてしまい、困った買い手からなんとかならないかと相談を受けたのですが、はっきり言ってどうにもなりません。

このように医療法人格を売買することだけを目的にしているブローカーもいるので、騙されないようにしてください。

なお、以前に実際に診療を行っているクリニックを開設している出資持分のある医療法人のＭ＆Ａを仲介した時に、出資持分のある医療法人なのでクリニックの価値に数百万円を加算した金額を買い手に提示したところ、買い手の顧問税理士から、「医療法人の設立にこんなにお金はかからないので金額がおかしい」と言われたことがあります。どうやら買い手の顧問税理士は出資持分のある医療法人と出資持分のない医療法人の価値の違いを知らないようです。

このようにブローカーだけでなく医療法人のＭ＆Ａについて詳しくない税理士も多いので、医療法人のＭ＆Ａについては本当に気を付けてください。

3 集患対策について適切なアドバイスを受けているか

(1) 増収対策の基本は集患対策

既に何度か述べていますが、税務や節税だけでなく病医院の運営全般について相談したいと思っている病医院経営者がほとんどだと思います。病医院の運営全般を考える際に、増収のアドバイスは外せないはずです。資金繰りの改善には、下手な節税よりも増収のほうがずっと効果があるからです。

病医院の収入は基本的には「単価×患者数」なので、増収対策は単価を上げるか、患者数を増やすかのいずれかになるはずです。単価は保険診療の場合は公定価格ですし、自由診療の場合も近隣の病医院の価格等を参考に決めることが多くそれほど自由に決められるわけではないので、増収対策は患者数を増やす集患対策に力を入れることが多いです。

集患対策は大きく分けて、「看板」と「ウェブ広告」がありますが、費用対効果が高いといわれているのは「ウェブ広告」です。

(2) ウェブ広告（Google ビジネスプロフィール）

ウェブ広告の基本は自院のウェブサイトですが、ウェブサイトは作ることが目的ではなく、多くの方に見てもらうことが目的です。

したがって、検索エンジンと呼ばれる Google や Yahoo! などで検索した時に上位に表示される必要があります。検索結果で上位に表示されるための対策を SEO 対策（サーチエンジン最適化対策）といいますが、最近は SEO 対策の効果を実感しづらくなっているようです。

病医院が少ない地方ではまだある程度の SEO 対策をすれば検索

結果で上位に表示される傾向がありますが、都市部ではSEO対策に相当のお金をかけない限り、検索結果で上位に表示されるのは難しくなってきました。

その理由の1つとして、病医院紹介サイトや口コミサイトの急増があげられます。どうしても個々の病医院のウェブサイトより、紹介サイトや口コミサイトのほうが検索結果の上位にされやすい傾向があります。そのため紹介サイトや口コミサイトに有料で広告を掲載している病医院も増えています。

このように特に都市部ではSEO対策の効果を実感しづらくなっていることもあり、最近はMEO対策（マップ検索エンジン最適化対策）が注目を浴びています。

特に患者層が若い診療科目だとほぼ間違いなくスマートフォンで検索する人が多いので、MEO対策はとても重要だといわれています。

MEO対策の中でももっとも重要なのは、Googleマップで検索結果が表示される「Googleビジネスプロフィール」です。Googleビジネスプロフィールとは、Googleで検索した時にマップと共に表示される情報のことです。

図表6－3　パソコンで表示されるGoogleビジネスプロフィール
（西岡秀樹で検索した場合、図表6－4も同じ）

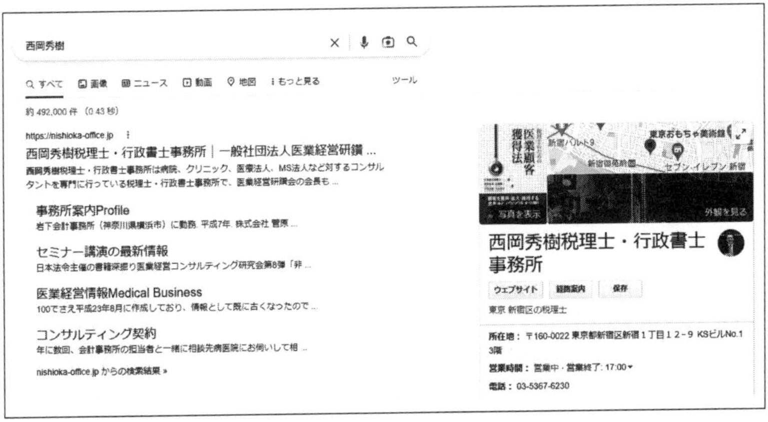

図表６－４　スマートフォンで表示されるGoogleビジネスプロフィール

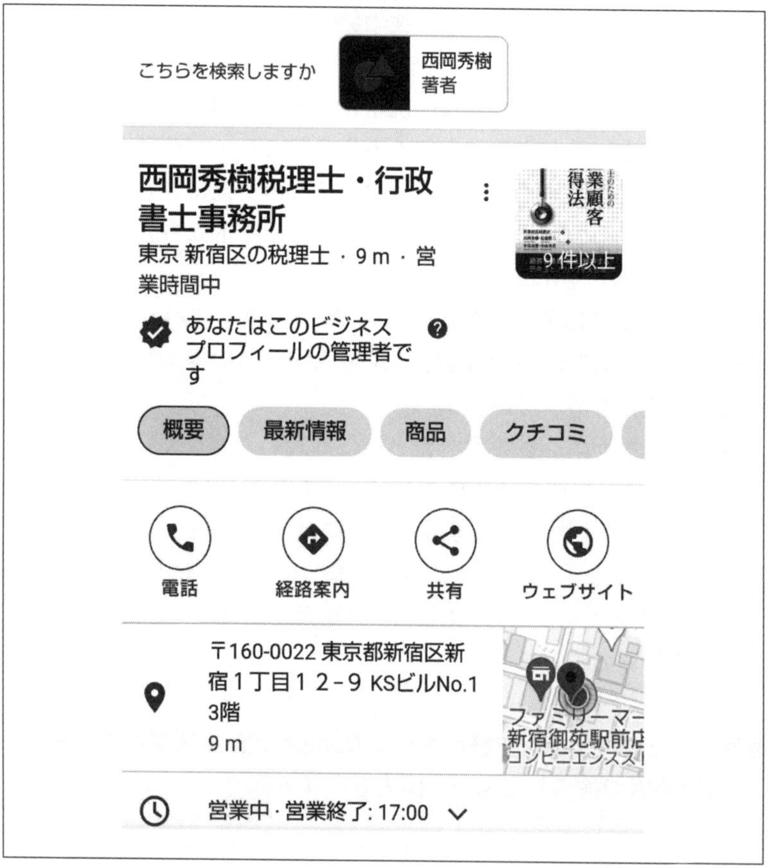

Googleビジネスプロフィールに力を入れるべき理由の１つに、通常の検索結果より上位に表示されることをあげることができます。

例えば、パソコンでGoogleを使って検索すると、まずクリック広告の上位３件が表示され、次にGoogleマップの上位３件が表示され、最後に通常の検索結果の上位３件が表示されるはずです。

特にスマートフォンの場合は下にスクロールした時に通常の検索

結果より先にGoogleマップが表示されるので、よりGoogleマップが重要だといえます。

次にGoogleビジネスプロフィールは、マップで場所がすぐに確認できるだけでなくルート検索も簡単にできます。さらに営業（診療）時間中かどうかもひと目でわかりますし、電話もすぐにかけることができます。

若い人はスマートフォンでお店などを調べるときは、最初からGoogleマップで検索する人が多いらしいです。こうなると検索エンジンすら使わないのでSEO対策は完全に不要となります。

実際にGoogleビジネスプロフィールに力を入れたことで来院患者数が激増した病医院は多数存在しますし、Googleビジネスプロフィール専門のコンサルタントもいます。

このようにウェブ広告の方法は日々変わっているので、集患対策は常に最新の情報をもとにアドバイスを受ける必要があります。

(3) ウェブ広告（クリック広告）

クリック広告とは、PPC広告（Pay Per Clic）やリスティング広告とも呼ばれる有料広告のことです。有料広告なので検索エンジンで検索すると、必ず一番上に広告が表示されます。クリック広告は基本的に入札単価が高い順に表示されるので、人気が高いキーワードだと入札単価もかなり高額になります。

特にインプラントや美容皮膚科など自由診療に関係するキーワードは人気が高く、高額な入札単価にしないと上位に表示されるのは難しくなります。

このようにクリック広告は有料広告なので、クリック広告を行う場合にはその効果が最大限発揮されるように工夫しなければなりません。

まずポイントとなるのは、広告の文章です。

例えば、Googleのクリック広告では広告見出しは半角で30文字、説明文は半角90文字までとなっています。全角だと広告見出しは15文字、説明文は45文字となります。この限られた貴重な文字数の中で、効果が最大限発揮されるように工夫する必要があります。

当事務所の例で説明をすると、「西岡秀樹税理士・行政書士事務所」は全角で15文字です。もしこれを広告見出しに設定すると、事務所名だけで貴重な広告見出しの１つを使い切ってしまいます。

さらに、「東京税理士会四谷支部所属、東京行政書士会新宿支部所属。事務所所在地は東京都新宿区新宿です。」は全角で45文字です。これを説明文にすると貴重な説明文を使い切ってしまいます。

そもそも西岡秀樹税理士・行政書士事務所という見出しは不適切だと思います。理由は事務所名で選ぶ方は最初から私のことを知っている方だと思われるからです。私のことを知らない方が「西岡秀樹税理士・行政書士事務所」と言われても、「だからどうした」と思うのが普通のはずです。

ところで、病医院で見出しに法人名と医療機関名を入れたクリック広告を見ることがあります。「医療法人○○会△△内科・皮膚科クリニック」という感じです。医療機関名は診療科目がわかるメリットもあるので不要とは思いませんが、法人名で病医院を選ぶ人はいないと思います。

また、見出しを「西岡秀樹税理士・行政書士事務所」とするのであれば、説明文に税理士や行政書士であることの説明は不要です。限られた文字数の中で重複した説明は厳禁です。

病医院のクリック広告でも見出しで「△△内科・皮膚科クリニック」としているのに、説明文に「標榜科目は内科、皮膚科です」等と書いているものを見たことがありますが、これも貴重な文字数の浪費としか言いようがありません。

さらに、当事務所は地域密着型の税理士事務所ではありません。東京都の顧問先よりも地方の顧問先のほうが多いので、事務所所在地を貴重な文字数を割いてまで広告する意味はあまりないと思います。逆に地域密着型の病医院の場合は、「新宿御苑駅徒歩１分」とか「新宿、渋谷からアクセス良好」のように、どの地域の患者をターゲットとしているのかわかるようにすべきです。

以上のことから、もし当事務所がGoogleにクリック広告を出すのであれば、下記のような広告見出しと説明文にします。

医療専門等とうたう税理士は急増しているので、「病医院、医療法人・一般社団法人の設立運営、事業承継等については当院にお問い合わせ下さい。」より「著書や講演実績多数あり」としたほうが他の税理士との違いを強調できるとともに、第三者が確認できる実績があることをPRできると思います。

また、限られた文字数の中で全国対応可能と入れることで、地域密着型ではない税理士事務所ということもPRしています。

このように見出し、説明文ともに文字制限の範囲内で当事務所の特徴を端的に表しており、私のことを知らない病医院でもクリックする可能性がある文章ではないかと思います。

これは病医院のクリック広告でも同じことが言えます。自院のことを知らない方がクリックする可能性が少しでも高くなるよう、限られた文字数の中で自院の特徴や、ターゲットとする地域等を端的に表す文章にすることで、クリック広告の効果を少しでも高めることができると思います。

【お勧めできないクリック広告例】

（見出し全角15文字・説明文全角45文字）

> 西岡秀樹税理士・行政書士事務所
> 東京税理士会四谷支部所属、東京行政書士会新宿支部所属。事務所所在地は東京都新宿区新宿です。

【比較的効果があると思われるクリック広告例】
（見出し全角 13.5 文字・説明文全角 45 文字）

医業経営コンサルティング専門の税理士 病医院、医療法人・一般社団法人の設立運営、事業承継等の著書や講演実績多数あり。全国対応可能

さらにクリック広告では、ランディングページも重要です。ランディングページとは、クリック広告をクリックして最初に表示されるウェブページのことです。このランディングページを自院のウェブサイトのトップページにしている病医院が多いですが、はっきり言ってお勧めできません。

例えば、「インプラント」というキーワードでクリック広告を出している場合、そもそもインプラントについて興味があったり、インプラントができる歯科医院を探している方がクリックするはずです。

しかし、ウェブサイトのトップページは一般的にはインプラントに専門特化したページではなく、「当院のウェブサイトにようこそ」的なページが多いです。これではせっかく有料広告費を支払ってクリックしてもらったのに、すぐにページを閉じて他の歯科医院のページを見に行かれてしまう可能性が高い傾向があります。

ですからランディングページは、キーワードに合致したページを作ることをお勧めします。例えば、インプラントであればインプラントだけを説明したページです。しかも、スマートフォンでも見やすいように縦スクロールを前提とした１ページだけのランディングページがもっとも効果があると思われます。

(4) 地域住民にわかりやすいクリニック名

新規開業したクリニックから来院患者数が増えないので困ってい

ると相談を受けるときがありますが、このようなクリニックのクリニック名は若者ウケしそうな英語表記である場合が多いです。

例えば、内科クリニックであれば「Internal Medicine Clinic」や、眼科であれば「Eye Clinic」といった感じです。

しかも看板が「*ShinjukuEyeClinic*」といったお洒落な筆記体風の場合もありました。はっきり言って、地域住民のほとんどはそこを眼科クリニックと認識していないと思います。

特に新規開業するクリニックは、地域住民がわかりやすい「新宿眼科クリニック」のようなクリニック名にすべきです。

クリニック名をわかりやすくしただけで患者数が増えたクリニックはありますが、看板も地域住民がわかりやすく出す必要があります。

例えば、ビル診療所の場合にはクリニック前に置き看板を出すところは多いと思いますが、前述したお洒落な筆記体風のクリニック名だったり、ロゴマークが目立つような置き看板よりも、単に「眼科」や「歯科」とメインの診療科目を目立つような置き看板にしたほうが集患効果が高いことがあります。

若いドクターからすると、見た目はお洒落ではなくダサいと感じる方もいるかもしれませんが、特に新規開業時は集患効果を最優先に看板を出す必要があると思います。

お洒落なクリニック名や看板やロゴマークはクリニック経営が軌道にのり、資金に余裕が出てきてから検討することをお勧めします。

(5) 看板の効果と経費節減

病医院の看板というと電柱広告や駅看板を思い浮かべる方が多いかもしれませんが、私は電柱広告や駅看板に集患効果はほとんどないと思っています。

電柱広告は集患効果というより、初めて来院する方への道案内的な役割のほうが多いようですし、駅看板についてはよほど人目につきやすい場所に出さない限り効果はほとんどないと思います。

もっとも看板はウェブ広告のように即効性があるものではなく、地域住民に対して病医院名を少しずつでも確実に認知してもらう効果が期待できるので長い目でみる必要があります。ですから電柱広告や駅看板を見たから来院したという患者がいないからといって即無駄と判断するのは早計と言えますが、それでも資金に余裕がない病医院であれば見直しを検討する必要があると思います。

無駄な経費の削減について少し触れたいと思いますが、看板の更新時に必ず看板の現況を確認することをお勧めします。過去に既に看板がないのに料金だけ請求されていたケースや、看板はあるものの植物等の影響でほとんど看板が見えないケースがありました。

また、古く薄汚れた看板は集患効果どころか、患者から嫌われる逆効果を生みかねません。

看板の更新時に現地に行って確認するのが一番良い方法ですが、最近はGoogleのストリートビューで確認することも可能です。どの方法であれ、看板の現況を確認してから更新することをお勧めします。

4 病医院における物品の販売と交付の違いを理解しているか

(1) 病医院でできる物販の範囲

第2章2「都道府県等の不当と思われる指導から病医院を守っているか」で、厚生労働省から「医療機関におけるコンタクトレンズ等の医療機器やサプリメント等の食品の販売について」(以下、「平成26年通知」という)という通知が各都道府県、保健所設置市、特別区の医療担当部宛に発出されており、そこには「医療機関においてコンタクトレンズ等の医療機器やサプリメント等の食品の販売を行うことは、当該販売が、患者のために、療養の向上を目的として行われるものである限り、以前から可能ですので、適切に取扱われますよう、お願いいたします。」と書かれているので、病医院で物販はできると説明しました。

平成26年通知が発出された以降に、病医院はどんなサプリメントでも販売することができると都合良く拡大解釈している方がいるようですが、それは間違いです。平成26年通知に「当該販売が、患者のために、療養の向上を目的として行われるものである限り」と書いてあるように、どんなサプリメントでも販売できるのではなく、患者の療養の向上を目的としている範囲内で販売が可能です。一部のサプリメント会社が病医院に対して、平成26年通知があるのでなんでも販売できると提案しているようなので気を付けてください。

もう少し具体的に説明すると、その病医院が標榜している診療科目に関係があるサプリメントならば販売することができます。

例えば、歯科医院であれば歯ブラシ、フロス、キシリトールガム等は当然として、歯科治療に関係するサプリメントも販売することができます。ビタミンC、鉄、たんぱく質等が不足していると歯周病になりやすかったり、亜鉛、カルシウム、ビタミンD等が不足していると虫歯になりやすいと歯科医師から聞いたことがあります。

しかし、歯科医院で「血管の健康を考えたサプリメント」、「女性ホルモンのバランスを考えたサプリメント」、「ストレスやタバコによって消費されるビタミンCを補うサプリメント」とうたっているものは販売できません。歯科治療に関係ないからです。

実際に、以前に都道府県に対して医療法人の定款変更認可申請をした時に、雑収入としてサプリメント販売があるので、そのサプリメントが患者の療養の向上に関係あることがわかる資料の提出を求められたことがあります。

なお、病医院が販売できるのは患者の療養の向上が目的のものだけでなく、病医院の職員の福利厚生のために行われる業務も含まれ

図表6－5　病医院の業務範囲

Ⅳ. 附随業務

○開設する病院等の業務の一部として又はこれに附随して行われるものは収益業務に含まれず、特段の定款変更等は要しません。(附随業務として行うことが可能)

附随して行われる業務とは、次に掲げるものです。

① 病院等の施設内で当該病院等に入院若しくは通院する患者及びその家族を対象として行われる業務又は病院等の職員の福利厚生のために行われる業務であって、医療提供又は療養の向上の一環として行われるもの。

　したがって、病院等の建物内で行われる売店、敷地内で行われる駐車場業等は、病院等の業務に附随して行われるものとされ、敷地外に有する法人所有の遊休資産を用いて行われる駐車場業は附随する業務に含まれないものとして取り扱います。

② 病院等の施設外で当該病院等に通院する患者を対象として行われる業務であって、当該病院等において提供される医療又は療養に連続して行われるもの。

　したがって、当該病院等への、又は、当該病院等からの患者の無償搬送は、病院等の業務に附随して行われるものとされ、当該病院等以外の病院から同じく当該病院等以外の病院への患者の無償搬送は附随する業務に含まれないものとして取り扱います。

③ ①及び②において、当該法人が自らの事業として行わず、当該法人以外の者に委託して行う場合にあっては、当該法人以外の者が行う事業内容が、①又は②の前段に該当するものであるときは、当該法人以外の者への委託は附随する業務とみなし、①又は②の前段に該当しないものであるときは、附随する業務に含まれないものとして取り扱います。

(厚生労働省・「医療法人の業務範囲」(令和4年2月22日現在) より抜粋)

ます。厚生労働省は、「開設する病院等の業務の一部として又はこれに附随して行われるものは収益業務に含まれず、特段の定款変更等は要しません。(附随業務として行うことが可能)」としています。

(2) 物品の販売と交付の違い

厚生労働省は平成26年通知の翌年に、「保険医療機関におけるコンタクトレンズ等の医療機器やサプリメント等の食品の販売について」(以下、「平成27年通知」という) という通知を発出しています。平成27年通知は、「保険医療機関においてコンタクトレンズ等を交付するにあたっての取扱い」が書かれています。

コンタクトレンズは高度管理医療機器なので、本来は医療機器販売業許可が必要ですが、平成27年通知により保険医療機関は交付という方法で医療機器販売業許可がなくても患者に対してコンタクトレンズを販売することができるようになりました。

保険医療機関が行う交付の要件は、下記のとおりです。

① 当該保険医療機関においてコンタクトレンズ等の交付を受けることについて、患者の選択に資するよう、当該保険医療機関外の販売店から購入もできること等について説明し、同意を確認の上行うこと。ただし、この同意の確認は必ずしも同意書により行う必要はなく、口頭説明により確認する方法で差し支えない。

② 患者から徴収するコンタクトレンズ等の費用は社会通念上適当なものとすること。その際、保険診療の費用と区別した内容の分かる領収証を発行すること。

なお、平成27年通知にコンタクトレンズ等と書かれているように、交付の対象となるのはコンタクトレンズだけではありません。コンタクトレンズ以外にも、医薬品販売業や医療機器販売業の許可等が必要なものも交付は可能です。

例えば、歯科医院で歯磨き粉を販売しているところは多いですが、歯磨き粉には「第３類医薬品」、「医薬部外品」、「化粧品」の３種類があります。このうち医薬部外品と化粧品の販売は許可等は不要ですが、第３類医薬品は本来は医薬品販売業許可が必要です。

また、新型コロナウイルスの感染拡大に伴いパルスオキシメーターを販売している病医院があるようですが、パルスオキシメーターは管理医療機器に該当するので、本来は医療機器販売業の届出が必要です。

しかし、第３類医薬品の歯磨き粉やパルスオキシメーターも交付という方法であれば、許可や届出をすることなく患者に販売することができます。

ですから私は、顧問先で第３類医薬品の歯磨き粉やパルスオキシメーターを販売していることを知った時は、患者や保健所等から「病医院で販売はできないはず」と間違った指摘を受けた時に慌てないように必ず交付という方法について説明しています。

逆に医薬品や医療機器を販売したいと思っていたのに、医薬品販売業や医療機器販売業の許可等が必要だからダメと税理士にアドバイスされて諦めていたケースについては、正しい見解を伝えています。

ちなみに、交付が認められるのは、保険医療機関のみです。平成27年通知を見る限りでは自由診療のみを行う医療機関で交付は認められていないので、もし自由診療のみを行う医療機関で医薬品や医療機器を販売するときは、医薬品販売業や医療機器販売業の許可等が必要と思われます。

また、交付の対象はあくまで医師（歯科医師）が診察し、患者の療養の向上のために必要な患者なので、患者以外の不特定多数に販売するときは従来どおり医薬品販売業や医療機器販売業の許可等が必要となります。

最近物販を始める病医院が増えてきているので、医療専門等とうたう税理士であればここで書いてある程度の知識は知っておくべきです。

【医療機関におけるコンタクトレンズの販売等】

> Q2
>
> 高度管理医療機器に該当するコンタクトレンズの販売に関しては、医療機関とは完全に別の区画の隣接する医療機器販売業許可を持つ店舗が販売を行ってきたところですが、この取扱いについては事務連絡によって変わったのでしょうか。
>
> A2
>
> 今般の事務連絡は、医師が診察し、患者の療養の向上のために必要なコンタクトレンズ等を、患者に対して（社会通念上適当な対価を徴収して）交付する場合※の取扱いを示したものであり、この場合は、医療機関で行って差し支えないことを示しているものです。
>
> 一方、不特定多数人を対象として、診察を行わずにコンタクトレンズを販売する場合は、医業に付随するものとは言えないことから、医療機関で行うことはできず、医療機関との区画を別にする必要があります。その場合は、医薬品医療機器等法（旧薬事法）に規定する高度管理医療機器等の販売業の許可を受け、高度管理医療機器等営業管理者の設置等所要の措置をとらなければなりません。
>
> （※ 以下、このQ＆Aにおいては、医師が診察し、患者の療養の向上のために、患者に対してお渡しすることを「交付」、一方、不特定多数人に対し、医業に付随せずお渡しすることを「販売」と整理します。）

（厚生労働省・「医療機関におけるコンタクトレンズの販売等に関する質疑応答集（Q＆A）」より抜粋）

5 混合診療やサプリメントの輸入等について適切なアドバイスを受けているか

(1) 混合診療とは

自由診療を行う病医院は、混合診療に該当するかどうかについて悩むところが多いと思います。自由診療のみを行う病医院であれば混合診療を気にする必要はありませんが、多くの病医院は保険診療と併用で自由診療を行っているからです。

混合診療は禁止されているとよく聞くと思いますが、実は明文化された規定はありません。一般的に混合診療禁止の根拠として、保険医療機関及び保険医療養担当規則第18条が該当するといわれています。

◆保険医療機関及び保険医療養担当規則第18条

保険医は、特殊な療法又は新しい療法等については、厚生労働大臣の定めるもののほか行つてはならない。

これとは別の混合診療禁止の解釈もあります。

日本の公的医療保険制度は、「現物給付制度」です。現物給付とは、医療機関と保険者（政府等）が取り決めた価格（公定価格）に基づいて、医療機関に来院した患者を診療（診療という現物を給付）し、診療した代金である医療費は患者一部負担金を除き保険者に直接請求するシステムのことをいいます。

つまり、患者一部負担金をもらうということは、保険者と取り決めた価格で診療するという契約が成立したことになります。ですから一連の医療行為について、患者一部負担金を徴収したのに、さらに保険外負担として自費請求をすると、1つの医療行為に対して重複した請求をすることになるので、混合診療は禁止という解釈です。

混合診療に関する解釈をまとめると、「保険外併用療養費を除き、一連の医療行為の中に保険診療と保険外診療を併用する混合診療は原則として認められていない。」となります。

(2) 保険外併用療養費とは

保険外併用療養費とは、厚生労働省が認めた混合診療に該当しない自由診療です。保険外併用療養費には下記のものがあります。

【評価療養】
先進医療（高度医療を含む）
医薬品の治験に係る診療
医療機器の治験に係る診療
薬事法承認後で保険収載前の医薬品の使用
薬事法承認後で保険収載前の医療機器の使用
適応外の医薬品の使用
適応外の医療機器の使用

【選定療養】
特別の療養環境（差額ベッド）
歯科の金合金等
金属床総義歯
予約診療
時間外診療
大病院の初診
小児う蝕の指導管理
大病院の再診
180日以上の入院
制限回数を超える医療行為

歯科医院であれば、前歯部への金合金などの使用、金属床総義歯、小児う蝕の指導管理が代表的な保険外併用療養費です。

また、病医院であれば、差額ベッド代や予約診療を徴収しているところが多いと思います。

最近はインターネット予約を導入するなど予約制にしている病医院がほとんどですが、ここでいう予約診療とは、予約料金を徴収して診療することです。予約料金を徴収しない予約制のことではありません。この予約診療を初診のみに導入している病医院もありますし、漢方外来やリウマチ外来など特定の外来にだけ導入している場合もあります。

(3) 混合診療に該当しない自由診療

保険外併用療養費以外にも混合診療に該当しない自由診療があります。厚生労働省が保険外負担と呼んでいるもので、「療養の給付と直接関係ないサービス等の取扱いについて」という通知（以下、「平成 17 年通知」という）で具体例をあげています。

一般的に自由診療とは、厚生労働省のいう保険外負担のことを指すので、平成 17 年通知は自由診療を行う病医院にとって非常に重要です。

【「平成 17 年通知」冒頭部分】

> 療養の給付と直接関係ないサービス等については、社会保険医療とは別に提供されるものであることから、もとより、その提供及び提供に係る費用の徴収については、関係法令を遵守した上で、保険医療機関等と患者の同意に基づき行われるものであるが、保険医療機関等は、その提供に係る費用の徴収に当たっては、患者の選択に資するよう次の事項に留意すること。

（厚生労働省・「療養の給付と直接関係ないサービス等の取扱いについて」より抜粋）

療養の給付と直接関係のないサービスは、一般の商取引と同じということです。

さらに自由診療を行う病医院にとって、下記はもっとも重要な部分です。

【「平成17年通知」混合診療とならないもの】

2　療養の給付と直接関係ないサービス等

療養の給付と直接関係ないサービス等の具体例としては、次に掲げるものが挙げられること。

(1)　日常生活上のサービスに係る費用

ア　おむつ代、尿とりパット代、腹帯代、T字帯代

イ　病衣貸与代（手術、検査等を行う場合の病衣貸与を除く。）

ウ　テレビ代

エ　理髪代

オ　クリーニング代

カ　ゲーム機、パソコン（インターネットの利用等）の貸出し

キ　MD、CD、DVD各プレイヤーの貸出し及びそのソフトの貸出し

ク　患者図書館の利用料　等

(2)　公的保険給付とは関係のない文書の発行に係る費用

ア　証明書代

（例）産業医が主治医に依頼する職場復帰等に関する意見書、生命保険等に必要な診断書等の作成代　等

イ　診療録の開示手数料（閲覧、写しの交付等に係る手数料）

ウ　外国人患者が自国の保険請求等に必要な診断書等の翻訳料　等

(3)　診療報酬点数表上実費徴収が可能なものとして明記されて

いる費用

ア　在宅医療に係る交通費

イ　薬剤の容器代（ただし、原則として保険医療機関等から患者へ貸与するものとする。）等

(4) 医療行為ではあるが治療中の疾病又は負傷に対するものではないものに係る費用

ア　インフルエンザ等の予防接種

イ　美容形成（しみとり等）

ウ　禁煙補助剤の処方（ニコチン依存症管理料の算定対象となるニコチン依存症（以下「ニコチン依存症」という。）以外の疾病について保険診療により治療中の患者に対し、スクリーニングテストを実施し、ニコチン依存症と診断されなかった場合であって、禁煙補助剤を処方する場合に限る。）

エ　治療中の疾病又は負傷に対する医療行為とは別に実施する検診（治療の実施上必要と判断し検査等を行う場合を除く。）等

(5) その他

ア　保険薬局における患家等への調剤した医薬品の持参料及び郵送代

イ　保険薬局における患家への調剤した医薬品の持参料

ウ　日本語を理解できない患者に対する通訳料

エ　他院より借りたフィルムの返却時の郵送代

オ　院内併設プールで行うマタニティースイミングに係る費用

カ　患者都合による検査のキャンセルに伴い使用することのできなくなった当該検査に使用する薬剤等の費用（現に生じた物品等に係る損害の範囲内に限る。なお、検査の予約等に当たり、患者都合によるキャンセルの場合には費用徴収がある旨を事前に説明し、同意を得ること。）

キ　院内託児所・託児サービス等の利用料

ク　手術後のがん患者等に対する美容・整容の実施・講習等
ケ　有床義歯等の名入れ（刻印・プレートの挿入等）
コ　画像・動画情報の提供に係る費用（区分番号「B010」診療情報提供料（Ⅱ）を算定するべき場合を除く。）
サ　公的な手続き等の代行に係る費用等

（厚生労働省・「療養の給付と直接関係ないサービス等の取扱いについて」より抜粋）

（4）に、「医療行為であっても治療中の疾病又は負傷に対するものでなければ混合診療にならない」と書かれています。

したがって、予防接種、健診、健康増進、美容形成などが目的の医療行為であれば混合診療には該当しません。

また、治療中の疾病または負傷に対する医療行為とは別に実施する検診等も混合診療には該当しません。

（4）混合診療についてよくある勘違い

「カルテを変えれば混合診療にならない」、「受診日をずらせば混合診療にならない」という話を信じているドクターがいるようですが、これらは根拠のない都市伝説的な話です。

その証拠に、個別指導のときに保険と自費のカルテの用意を要求している地方厚生局があります。まだ保険と自費のカルテを要求していない地方厚生局もありますが、いつその地方厚生局の方針が変わるかわからないので、日頃から根拠のない都市伝説的な話を信じないことをお勧めします。

カルテを変えたり、受診日をずらしたりしても、一連の医療行為と認められるものは混合診療に該当する可能性は高いと言えるので、あくまで一連の医療行為（治療中の疾病又は負傷に対するもの）であるかどうかで判断してください。

(5) サプリメントを個人輸入する場合の注意点

①　医薬品等の個人輸入

医薬品、医療機器、サプリメント等を輸入する病医院は増えています。しかし、医薬品等の輸入は法律の規制があります。

医薬品等の輸入を規制しているのは主に医薬品、医療機器等の品質、有効性及び安全性の確保等に関する法律（以下、「医薬品医療機器等法」という）ですが、医薬品医療機器等法は輸入という行為自体は規制していません。

医薬品医療機器等法が規制しているのは、営業のための輸入ですが、個人が自分で使用するための輸入（以下、「個人輸入」という）は規制の対象外です。

「個人輸入は個数が制限されているのでは？」と思う方もいるかもしれませんが、個人輸入の個数は制限されていません。一定の個数以下であれば、地方厚生局に輸入の届出を省略することができるので、通常はその個数以下で輸入しているだけです。

病医院が輸入した医薬品や診療材料を業として販売したり、賃貸したり、授与する場合は医薬品販売業許可が必要ですが、ドクターが自己の患者の診断または治療に供することを目的として、治療上必要であり国内に代替品が流通していない医薬品や診療材料を個人輸入することはできます。

ドクターが個人輸入する場合、重大な健康被害が起きるおそれがあると指定されている医薬品以外は、一定の個数以下であれば薬監証明は不要です。

医療法人の場合は、医療法人自体が輸入申請をすることはできないので、通常は理事長または院長（管理者）個人で個人輸入します。

② サプリメントの輸入

サプリメントは、栄養補助食品や健康補助食品と呼ばれています。食品であれば食品衛生法という法律の対象ですので、医薬品医療機器等法の規制は受けません。

食品衛生法では飲食店等の営業は許可が必要と定めていますが、食品等を販売する事業者は販売食品等について自らの責任において販売食品等の安全性の確保等の措置を講ずるよう努めなければならないとしか定めていないので、サプリメントの販売は許可も届出も必要ありません。

しかし、実際はサプリメントの扱いは非常に微妙になっています。

その理由は、「無承認無許可医薬品の指導取締りについて」（以下、「46通知」という）があるからです。この通知は昭和46年に出されたので、通称46通知といわれています。

46通知の冒頭には、「昨今、その本質、形状、表示された効能効果、用法用量等から判断して医薬品とみなされるべき物が、食品の名目のもとに製造（輸入を含む。）販売されている事例が少なからずみうけられている。」と、ほとんどサプリメントを名指ししており、46通知を見ると、厚生労働省がサプリメントを医薬品とみなしていることがよくわかります。

しかし、46通知は輸入を含む製造販売に対する指導取締りについて書かれたものであり、既に国内に流通しているサプリメントを規制したものではなく、国内業者から仕入れたサプリメントを販売する限り46通知を根拠に摘発されることはありません。

前項で紹介した平成26年通知にも、「サプリメント等の食品の販売が可能」と書かれているように、国内業者から仕入れたサプリメントは栄養補助食品または健康補助食品として取り扱われています。

ところで、個人輸入したサプリメントを他院に譲渡する場合があるようです。サプリメントは46通知で輸入を含む製造販売では医薬品とみなされており、医薬品医療機器等法第12条では、「業として、医薬品、医薬部外品又は化粧品の製造販売をしてはならない。」と定めています。

製造販売とは「販売し、賃貸し、又は授与すること」を指すので他院に譲渡することは無償であっても授与に該当しますが、医薬品医療機器等法第12条には「業として」行うという前提条件があります。

つまり、個人輸入したサプリメントを他院に譲渡することが業として認められると、46通知を根拠として医薬品医療機器等法違反となって処罰の対象となる可能性があります。

同じ病医院に繰り返し譲り渡していると業として認定される可能性がありますし、利益を上乗せして譲渡しても業として認定される可能性は高いと思われます。

閉院する等の特別な事情により他院に譲渡するのであれば業として行うものではなく処罰の対象になりませんが、特別な事情がそうそうあるとは思えないので、輸入したサプリメントを他院に譲渡することは基本的にしないでください。

ちなみに他院への譲渡は自院の患者への譲渡ではないので、前項で紹介した交付という方法は使えません。

またドクターが個人輸入したサプリメントをMS法人で販売しているケースもあるようですが、個人輸入したサプリメントを病医院からMS法人に譲渡しているので、46通知を根拠として医薬品医療機器等法違反となって処罰の対象となる可能性があります。もちろんこのケースも前項で紹介した交付という方法は使えません。

6 分院開設時の適切なアドバイスと手続をしてもらっているか

(1) 1件目の分院開設で失敗するクリニックが多い

最近、分院を開設するクリニックが増えています。特に美容系のクリニックと、歯科医院は多施設運営をする傾向が強いです。多施設運営を目指すクリニックにとって、1件目の分院はとても重要です。1件目の分院で失敗することが非常に多いからです。

しかし、1件目の分院で成功したところは、続けていくつかの分院を開設する傾向が見られます。要するに、1件目の分院で上手くいくかどうかでその後に多施設運営ができるかどうかが決まります。

1件目の分院で失敗する理由ですが、もっとも多いと思われるのは、段取りの悪さです。医療法人定款変更認可申請に手間取ったり、直前になって保健所から図面の変更を指導されたりと、とにかく分院開設までに長期間を要するケースが多く見受けられます。

都道府県に分院開設の定款変更認可申請を出すためには、分院開設予定地の賃貸借契約書の写しを添付しなければならないので、どうしても分院を開設する数か月前から家賃を支払う必要があります。

定款変更認可を得るまでに1年以上かかってしまい、その間ずっと無駄な家賃を支払い続けていたケースもあります。

また分院開設までに予想以上に時間がかかってしまうと、管理者として就任を予定していたドクターが辞めてしまうケースもあり、最悪の場合は定款変更認可申請をやり直さなくてはなりません。中には時間がかかりすぎて分院開設をする意欲を失ってしまい、定款変更だけして、分院開設を辞めてしまったクリニックすらあります。

医療法人で分院を開設すると時間がかかるし面倒臭いという理由からか、分院を雇われ院長の個人名義で開設するケースも多いようです。いわゆる名義貸しですが、**第２章❸「名義貸しで分院を開設していないか」**で説明したように名義貸しは厳禁です。

（2）分院開設の方法

名義貸しは厳禁なので法的に問題のない分院の開設方法は以下の3つとなります。

①　理事長個人で開設
②　本院と同じ法人で開設
③　本院とは別の法人で開設

①　理事長個人で開設

理事長個人での開設とは、すでに医療法人で本院を開設している理事長が、本院の管理者を他者に変更することで、理事長個人で分院を開設する方法です。私は１件目の分院はこの方法をお勧めしています。

医療法人が開設する医療機関の開設者は、医療法人です。理事長ではありません。１人のドクターが２か所以上の管理者となることを、「２か所管理」といいますが、２か所管理は原則として認められていません。

そこで医療法人で開設している本院の管理者を勤務医等別のドクターに変えることで、理事長は１か所も開設も管理もしていないことになり、理事長個人で分院を開設することができます。これは名義貸しではなく完全に合法です。

個人開設なので、保健所への届出は診療所開設届だけです。もちろん事前に保健所との事前相談は必要ですが、分院を開設する前に支払う家賃は内装工事に要する期間だけで済み、経済的な負担はもっとも少なくて済みます。

さらに1件目の分院は当初は赤字になる傾向がありますが、理事長個人での開設なので事業所得が赤字ということになり、給与所得等と損益通算が可能となり、結果として節税できる可能性が高くなります。

また、自由診療を多く行うクリニックであっても、最低でも開設した年は消費税免税事業者になるので消費税も節税できます。

その後分院の運営が軌道にのってからゆっくり医療法人に取り込むことで、一定期間の経営実績があるクリニックを医療法人の分院とすることができ、分院を完全な新規で開設する時に比べると定款変更認可申請も楽に進めることができます。

さらに、定款変更認可申請で多少時間がかかろうと、その間も診療を続けられるので慌てる必要もありません。

②　本院と同じ法人で開設

本院と同じ法人で開設することを提案する税理士は多いと思います。むしろこの方法でなければ分院は開設できないと説明する税理士すらいます。

本院が医療法人の場合は、分院を開設する前に必ず定款変更認可申請が必要です。この定款変更認可申請は一般的に、2～4か月位かかります。その後、法務局への登記申請と保健所に対して診療所開設許可申請が必要となり、一般的には1か月位かかります。

そして前述したように、定款変更認可申請を出すためには分院開設予定地の賃貸借契約書の写しを添付しなければならないので、定款変更認可申請前から分院の家賃を支払う必要があります。

したがって、無駄な家賃を支払いたくなければ、定款変更認可申請は可能な限りスムーズに進める必要がありますが、都道府県は定款変更認可申請時は細かく書類をチェックする傾向があるので、役員社宅があったり、理事長への貸付金があったり、MS法人への委託費の支払いがあったりすると、追加の書類提出や説明を求められることが多く、思いのほか定款変更認可申請に時間がかかります。

これが多施設運営しているクリニックだと、何回も定款変更認可申請を繰り返しているのでスムーズに定款変更認可申請を受けることができ、分院の設計や内装工事の段取りも慣れているのでタイムロスが少なく、結果として定款変更認可申請に要する期間と内装工事に要する期間がほとんど同じとなり、無駄な家賃を支払うことなく分院の開設が可能になるケースが多いです。

しかし、１件目の分院を出す場合は、多施設運営しているクリニックのようにスムーズに進めることはほとんど無理です。このことを理解したうえで、分院の開設方法を検討すべきです。

③　本院とは別の法人で開設

本院とは別の法人で開設とは、本院とは別の医療法人または一般社団法人で分院を開設する方法です。将来的に分院を譲渡する可能性が高いときに、この方法を選択する傾向があります。最初からクリニックごとの法人格を分けていれば譲渡がしやすいからです。

しかし、この方法でも医療法人であれば医療法人設立認可申請の前に、一般社団法人であっても診療所開設許可申請の前に分院開設予定地を借りておく必要があるので、申請に時間がかかればかかるほど無駄な家賃を支払い続けることになります。

(3)　分院運営を上手く行うポイント

どの方法で分院を開設するかにかかわらず、分院の運営が上手くいくことが大切です。分院開設については段取りが重要ということは既に説明済みなので、他の分院運営を上手く行うポイントをいくつか紹介します。

まず、本院のやり方を十分に理解したドクターを管理者とすべきです。

一番まずいのは、分院開設にあたり新たにドクターを募集する方法です。本院の理事長との信頼関係もできていないうえに、本院のやり方もわかっていないので、あらゆる意味で暴走する可能性が高いです。

その意味でも私は1件目の分院は、理事長個人で開設することをお勧めしています。理事長は診療方針は当たり前ですが、患者の増やし方やスタッフの扱い方についても熟知しているからです。本院には既に経験豊富なスタッフがたくさんいるはずなので、理事長が多少いなくても運営に問題がある可能性は低いはずです。

多施設運営をしているクリニックだと管理者となるドクターとの付き合い方にも慣れていることが多く、管理者となるドクターを募集しても問題がないかもしれませんが、特に1件目の分院を出すときは少なくとも本院である程度の勤務実績があるドクターを管理者にすべきです。

また、分院開設後しばらくの間は、看護師等の医療スタッフや事務スタッフも本院のやり方を十分に理解した者を配置するか手伝いに行かせるべきです。

とにかく、すべてを分院任せにすることだけは絶対にやめてください。

次に重要なのは、集患を分院任せにしないことです。一番まずいのは、患者や収入が増えないことを分院のせいにすることです。そもそも分院の管理者は経営者ではないので、具体的な集患方法などを説明せずに「患者を増やせ」とだけ言い続けても無理なものは無理です。

この点、多施設運営をしているクリニックはウェブを中心とした集患方法が確立されていることが多く、基本的に集患対策は本部が行い、分院は来院した患者を診るという役割分担ができています。

逆にいうと、ドクター個人の人柄や知名度で集患しているクリニックは分院を出しても上手くいかない可能性が高いといえます。

終章 病医院経営に詳しい税理士の選び方

(1) 基本的なことができていない税理士にそれ以上の期待は無理なのでは？

ここまで税理士によって病医院経営のアドバイスに差がでることついて述べてきましたが、最後に病医院経営に詳しい税理士の選び方について私見を述べたいと思います。

まず、本書でも何度も述べていますが、基本的なことができていない税理士にそれ以上の対応を期待するのは無理だと思います。

例えば、以前に病院、介護老人保健施設、居宅介護支援事業所等の部門別に損益計算書を分けている医療法人がありました。当然ですが、各部門の損益の合計はその医療法人全体の損益と一致しなければなりませんが、その医療法人は各部門の損益の合計と医療法人全体の損益が一致しませんでした。それも少しの違いではなく、かなりの差がありました。

どうやらこの税理士は、損益計算書などの帳票を見直すことをしておらず、経営資料として部門別損益計算書を作成しているのではなく、ただ単に部門別損益計算書を作成しているという体裁だけを整えたかったようです。

また、医療法人とMS法人の両方を同じ税理士に顧問依頼をしているにもかかわらず、医療法人に計上されているMS法人に対する未払金と、MS法人に計上されている医療法人に対する未収金が一致しないケースもありました。

医療法人とMS法人の債権債務は一致していて当然ですが、残念ながら一致しない申告書は何回も見たことがあります。

これは、取引内容をきちんと把握していないことの表れです。決算書を経営資料として考えておらず、単に申告するための資料として考えているともいえます。

さらに、未収金や未払金などの勘定科目ごとの内訳をきちんと把握していない税理士も少なからずいます。申告書には「その他」と適当にまとめて書いているので、一見すると合っているように見えるだけです。

私が顧問税理士に変わってから勘定科目の残高を把握すると、ほとんどのケースで未収金や未払金などの勘定科目の「その他」の内訳が不明でした。

部門別の損益が一致するのも、医療法人とMS法人の債権債務が一致するのも、勘定科目の明細をきちんと把握するのはすべて基本的なことであり、できていて当たり前です。それすらできていないというのは、病医院経営に詳しい以前の問題です。税理士としての業務すらきちんとやっていないですし、少なくともその法人の内容をしっかり把握しているとはとても思えません。

(2) 然るべき者と定期的な打合せができているか

当事務所に相談に来る病医院経営者の中には、税理士事務所の職員が定期的に来ることはあっても試算表の数字の確認といった事務的な説明のみで、ここ数年税理士と定期的な打合せをしたことがないと話す方が少なからずいます。

税理士事務所の職員は若手の場合が多かったり、ベテラン職員でも税理士ではなかったりすることが多いようです。

私は税理士でなければダメと言っている訳ではありません。税理士はいわゆる税務と会計のプロなので、病医院経営に詳しい職員であれば税理士であろうがなかろうが問題はありません。

しかし、税理士でもなく、病医院経営に詳しくもない職員と定期的に打合せをして、果たして病医院経営者にとってプラスになるのでしょうか？ 貴重な時間を浪費しているだけのような気がしないでもないです。
そもそも病医院の問題点というのは、病医院経営者から相談されて対処するのではなく、病医院経営者との雑談の中から税理士やコンサルタント側から指摘するのが正しいと私は考えています。そのためにも定期的な打合せが必要です。ですから当事務所は、顧問先との打合せは必ず私が行きます。職員に行かせたことはありません。
タイトルの「然るべき者」かどうかは、質問に対して即答できるかどうかで判断できると思います。税理士かどうかではありません。病医院経営に詳しい者であれば、病医院経営者からの質問に対してほぼ即答できるはずです。もし「あとで調べて回答する」とか「所長に聞いてから回答する」と即答できず後回しにするばかりの者は、「然るべき者」ではないと思います。
それでも後日にちゃんと納得する回答があればまだマシですが、うやむやのまま回答がないケースが多いと、何のための顧問契約なのか疑いたくなります。

(3) 著書や講演実績等から判断

病医院経営に詳しい税理士かどうかの判断基準として、その税理士の著書や講演実績等からある程度判断できると思います。
ここで重要なのは、著書や講演の内容です。たとえ著書数が多く、講演実績が豊富でも税務や会計に関するものばかりであれば、税務や会計に詳しい者であり、病医院経営に詳しい者ではありません。
また、医療法人設立に関するものばかりの場合は、医療法人設立に詳しい者であって病医院経営に詳しい者ではありません。むしろ医療法人設立に関するものばかりの場合は、法人化して節税を勧める内容であることが多く、節税に詳しい者と考えたほうが妥当でしょう。
さらに医療法人設立については、**第2章❶「病医院に不利な医療法**

人を設立していないか」で説明したように、医療法人設立実績の数よりも、病医院にとって有利な条件で医療法人が設立されているかどうかのほうが大切です。

つまり、過去のセミナー実績が、「節税」「税制改正」「税務調査対策」「相続税対策」「医療法人設立」などしかない税理士は、税務や節税に強い税理士であり、病医院経営に詳しい税理士ではないと言えます。

あと著書については、商業出版なのか自費出版なのかも判断のポイントになります。商業出版とは出版社が費用を負担して出版する書籍のことで、必ず書籍にISBNコード（日本図書コード）が書かれています。本の裏表紙や奥付ページに「ISBN978-4-……」と書かれているコードのことです。逆に、ISBNコードがない書籍は自費出版となります。

商業出版は出版社が費用を負担して出版するので、ある程度売れると判断されないと出版はできませんが、自費出版は内容がどうであれ、お金があれば出版することができるので、当然ですが商業出版された著書のほうが信用力があります。

(4) 税理士選びのまとめ

長々と税理士について述べてきましたが、結論としては、病医院経営者が良いと思う税理士が良い税理士だと言えます。

たとえ病医院経営に詳しくない税理士だとしても、病医院経営者とウマが合って話しやすいのであれば、それで十分です。

要するに、良い税理士は病医院経営に詳しい税理士に限らないということです。

ただ付き合いやすい税理士ではなく、病医院にとってプラスになるような病医院経営に詳しい税理士を選びたいと考えている病医院経営者であれば、本書に書いてあることを１つの参考にして税理士を選んでいただければと思います。

●著者略歴

西岡　秀樹（にしおか　ひでき）

税理士・行政書士

西岡秀樹税理士・行政書士事務所所長、一般社団法人医業経営研鑽会会長

昭和45年東京都生まれ。大原簿記学校に在籍中に簿財2科目に合格、同校卒業後一度に税法3科目に合格して税理士となり、医業経営コンサルタント会社勤務を経て平成12年に独立。平成22年に医業経営研鑽会（平成30年に一般社団法人化）を設立し、現在まで会長を務めている。

主な著書に、『税理士・公認会計士のための医業経営コンサルティングの実務ノウハウ』（中央経済社）、『三訂版　医療法人の設立・運営・承継・解散』『自由診療・サプリメント導入実践マニュアル』『医療法人の設立認可申請ハンドブック』『クリニックの個別指導・監査対応マニュアル』『歯科医院の法務・税務と経営戦略』『非営利型一般社団法人による診療所開設ハンドブック』（以上、日本法令）などがある。

・事務所ホームページ　https://nishioka-office.jp/

・研鑽会ホームページ　https://www.kensankai.org/

中川　祥瑛（なかがわ　しょうえい）

CFP、税理士、医業経営コンサルタント

税理士法人総合経営サービス　社員税理士、一般社団法人中小企業成長支援センター 代表理事、一般社団法人ライフデザイン協会 代表理事

石川県生まれ。所内では法人顧客・個人顧客問わず決算・申告最終チェック者として、節税対策・税務調査対応、相続対策に従事。各種セミナー講師も務める。相続分野では、家族信託、身元保証、高齢者への住まい紹介なども対応している。近年需要の多いバックオフィス改善（経理の効率化）についても経理周りのクラウド化、書類の電子化等を積極的に進めており、会計事務所の枠にとらわれないサービス提供を心掛けている。

人材育成にも力を入れており、所内研修の講師も数多く務めている（累計1000回以上）。

・事務所ホームページ　https://www.mountain.co.jp/

病医院のための
税理士の選び方がわかる本

令和5年4月10日　初版発行

検印省略

日本法令®

〒101－0032
東京都千代田区岩本町1丁目2番19号
https://www.horei.co.jp/

編　者　一般社団法人
　　　　医業経営研鑽会
著　者　西　岡　秀　樹
　　　　中　川　祥　瑛
発行者　青　木　健　次
編集者　岩　倉　春　光
印刷所　日本ハイコム
製本所　国　宝　社

（営　業）　TEL　03-6858-6967　　Eメール　syuppan@horei.co.jp
（通　販）　TEL　03-6858-6966　　Eメール　book.order@horei.co.jp
（編　集）　FAX　03-6858-6957　　Eメール　tankoubon@horei.co.jp

（オンラインショップ）　https://www.horei.co.jp/iec/
（お詫びと訂正）　https://www.horei.co.jp/book/owabi.shtml
（書籍の追加情報）　https://www.horei.co.jp/book/osirasebook.shtml

※万一、本書の内容に誤記等が判明した場合には、上記「お詫びと訂正」に最新情報を掲載しております。ホームページに掲載されていない内容につきましては、FAXまたはEメールで編集までお問合せください。

ISBN 978-4-539-72969-4

https://www.horei.co.jp/zjs/

お役立ちコンテンツ

5 税理士向け動画セミナー

無料会員向けの「セレクト動画」、有料会員向けの「プレミア動画」で、著名な税理士、弁護士、学者やその道のプロが、タイムリーなテーマを深く掘り下げてレクチャーします。いつでも時間が空いた時に視聴可能です。

6 税制改正情報ナビ

毎年度の税制改正に関する情報を整理し、詳しく解説します。税制改正に関する日々のニュース記事の配信と、日本法令刊『よくわかる税制改正と実務の徹底対策』WEB版、さらにはその著者による詳細な解説動画で、いち早く今年度改正の要点を押さえましょう！

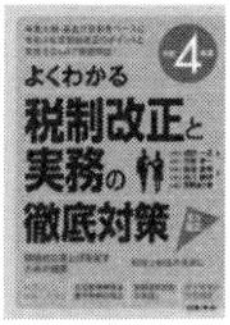

7 税務判決・裁決例アーカイブ

税理士業務遂行上、さまざまな税務判断の場面で役立てたいのが過去の税務判決・裁決例。ただ、どの事例がどこにあるのか、探すのはなかなか一苦労だし、イチから読むのは時間がかかる…。そこで、このアーカイブでは「キーワード検索」と「サマリー」を駆使することで、参照したい判決・裁決例をピンポイントで探し出し、スピーディーに理解することが可能となります。

8 モデルフォーム集

税理士業務におけるチェック漏れによるミスを未然に防ぐため、さまざまな税務のチェック表、確認表、チェックリストほか、日常業務で活用できるオリジナルのモデルフォーマットを提示します。

9 弊社商品の割引販売

日本法令が制作・販売する書籍、雑誌、セミナー、DVD商品、様式などのすべての商品・サービスをZJS会員特別価格〈2割引き〉で購入できます。高額な商品ほど割引額が高く、お得です！